時尚宋人

永續圖書線上購物網　讀品文化事業有限公司

www.foreverbooks.com.tw　　　　　　　　　yungjiuh@ms45.hinet.net

POWER 系列　50

時尚宋人

編　　　著　曾玉祺
出 版 者　讀品文化事業有限公司
責任編輯　林秀如
封面設計　姚恩涵
美術編輯　王國卿

總 經 銷　永續圖書有限公司
　　　　　TEL ／(02)86473663
　　　　　FAX ／(02)86473660
劃撥帳號　18669219
地　　　址　22103 新北市汐止區大同路三段 194 號 9 樓之 1
　　　　　TEL ／(02)86473663
　　　　　FAX ／(02)86473660
出 版 日　2017 年 4 月

法律顧問　方圓法律事務所　涂成樞律師
CVS 代理　美璟文化有限公司
　　　　　TEL ／(02)27239968
　　　　　FAX ／(02)27239668

國家圖書館出版品預行編目資料

時尚宋人／曾玉祺編著. --初版. --
　新北市 ： 讀品文化, 民 106.04
　面； 公分. --（POWER 系列：50）
　ISBN　978-986-453-049-6（平裝）
　1. 社會生活　2. 生活史　3. 宋代

635　　　　　　　　　　　　　106002205

宋朝就是這麼酷

這一次我們要講的朝代是宋朝。或許在很多人的心目中，宋朝是一個存在感不是那麼強的朝代。甚至有很多專家學者都用「強唐弱宋」來形容唐朝的強勢和宋朝的弱勢。但也有很多人不贊同這種說法。在他們的眼裡，宋朝是一個經濟和文化都相當發達的朝代，其所創造的歷史價值並不低於中國古代的任何一個王朝。

為什麼人們對宋朝會有這樣兩種截然不同的觀點呢？難道它們之間不是互相矛盾的嗎？其實還真就不矛盾！為什麼呢？待我慢慢道來。

說宋朝是一個積貧積弱的朝代，既沒有秦漢的霸氣，也沒有隋唐的豪氣，追根溯源，從宋朝的開國皇帝宋太祖趙匡胤那裡能找到一些原因。雖然不能把所有的差錯都歸咎於他，但至少他要承擔很大一部分責任。為什麼這麼說呢？這個還得從「陳橋兵變」說起。

「陳橋兵變」顧名思義，是發生在「陳橋」這個地方的軍事兵變。後周的名君柴榮病逝，繼承皇位的是當時只有七歲的小孩子，並且由符太后攝政，這種變化也造成了後周政權的極其不穩定，外敵屢屢入侵，可以說是內憂外患。

再說這趙匡胤能當上皇帝，有勇有謀有智慧，一直也不甘居於人下。於是，趁主少國疑之機，在趙普、石守信等

人的策劃下，藉口北漢和遼會師南下，率軍出發，北上防禦。在陳橋這個地方，他的屬下們把象徵著皇帝的黃袍披在他的身上，擁立他為皇帝，這就是著名的「陳橋兵變」「黃袍加身」。

當上皇帝之後，趙匡胤變得謹慎起來。你想想，他是靠兵變當了皇上的，當然會對屬下那些擁有兵權的人多加防範了。他思來想去還是覺得不安全，於是，發生了另一個歷史上有名的事件「杯酒釋兵權」。從此之後，宋朝就形成了重文抑武的風氣，這也就導致了宋朝在軍事領域上，一直處於下風，甚至幾次被金、遼大舉入侵，還發生了歷史上著名的「靖康之變」和「厓山之戰」，最終亡於蒙古的鐵騎之下。這也是大家一提起宋朝就會覺得它是個很弱的朝代的原因。

雖說在軍事上宋朝真的是「菜鳥級」的，但在其他方面，宋朝的實力卻不容小覷。無論是在文學上，還是在文化上，或者是科技上，宋朝在當時都處於一個領先的地位。

除此之外，在房屋、橋梁建築等方面都達到了前所未有的水準，也是中國天文學、數學等學科的重要發展時期。

那麼歷史上的宋朝到底是一個什麼樣的朝代？我們不妨走進這個色彩斑斕的時代，感受一下《清明上河圖》那熱鬧繁華的氣息，用自己的雙眼去觀察宋朝。

第三章

喝茶是一種生活品質

第四章

想玩啥就玩啥

第五章

那些從宋朝開始出現的事物

1.

人靠衣裝馬靠鞍

一、宋朝人穿什麼？

宋朝人的穿戴

　　與唐朝那種風姿妖嬈的穿衣風格不同，宋的穿衣風格素雅了許多。無論是從服裝的配色上，還是樣式上，都沒有唐朝的色彩明艷，風情萬種，然而卻別有一番韻味。在宋朝，更流行的是清新淡雅。說到這一點，宋朝人，特別是宋朝女人的穿衣風格，與我們今天在某個特定的圈子中流行的日系小清新風很相似。

　　秦觀在他的《南歌子》中寫道：

　　香墨彎彎畫，燕脂淡淡勻。

　　揉藍衫子杏黃裙，獨倚玉闌無語、點檀唇。

　　人去空流水，花飛半掩門，亂山何處覓行雲。

　　又是一鉤新月、照黃昏。

　　整首詞讀下來，就有一種清新的風撲面而來的感覺，從這首詞中我們也能看出宋朝女子喜歡的服裝搭配，上身著揉藍的衫子，下身著杏黃裙，懶散地倚在欄杆上，在自己的嘴唇上塗胭脂。這是多麼美好的一幅畫面啊，馬上會給人一種清涼如水的感覺。

　　在宋詞中有很多描寫服飾的句子，很多詞牌名也是根據衣服來起的，比如「濕羅衣」「翻翠袖」等。各路詞家也

非常喜愛用句子來寫這種柔情，如晏幾道《鷓鴣天》中的「歌漸咽，酒初醒。盡將紅淚濕湘裙」，歐陽修《解仙佩》中的「有個人人牽繫，淚成痕，滴盡羅衣」，無不婉約可愛。

看起來，用和服飾相關的詞句來描寫人物的心態，在宋朝是十分流行的，這或許正是因為宋朝的穿衣風格清新淡雅——衣裙的穿著有時候讓人如沐春風，有時也能透露出人心態的慵懶。

△白沙宋墓一號墓後室西南壁壁畫，從中可以窺見宋人的穿衣風格。

從以上所說的種種，我們也對宋代的女子服飾有了一個大概的瞭解，可以說宋朝的穿衣風格與以往的任何朝代都不太一樣，特別是拋棄了唐朝時期的寬鬆變為細長，在配色上也由唐朝的紅、紫、綠等艷麗的顏色轉變成粉紫、蔥白、銀灰、沉香等淡色，黃藍等小清新顏色也頗為盛行。

說了這麼多關於宋朝服裝的顏色，其實我們更應該來看一看宋朝服飾的樣式和種類，這樣才能更好地瞭解那個時期的流行服飾，以及其對後世的影響。

二、抹胸？百褶裙？我們已經out了

宋朝流行的裝扮

說到最有影響力的宋朝服飾，筆者第一個想到的是「抹胸」。

眾所周知，「抹胸」即使在現代的時裝界也是一個十分流行的元素。比如抹胸裙，抹胸小禮服，即便在今天，很多新娘的婚紗也會選擇抹胸款式。但你恐怕不知道，早在宋朝，抹胸就已經出現在女子們的生活中，並且流行了很長的時間。

在展覽館，我們常常能看到古代出土的文物，而在有關宋朝的歷史文物展覽上，常常會展出長方形的印花絲織品，如果你問展覽館的工作人員，他會為你介紹說，這就是宋朝時期女子穿的抹胸。

宋朝無論是官宦人家的小姐，還是尋常人家的姑娘，都喜歡在裡面穿一個「抹胸」，然後外面穿一個類似於今天的「外搭」的上衣，據說這樣可以襯托出女性完美的曲線。

但你可別以為人家的內衣就只有抹胸這麼一種，那樣的話，宋朝女人的愛美生活是多單調啊。人家宋朝人還研究出了一種叫作「腹圍」的東西。

這種腹圍的長度很長，長到什麼程度呢？綜合多方資料

來看，這個叫作「腹圍」的東西長三尺有餘。在顏色上，又以黃色為最流行，因此，也有人稱它為「腰上黃」。

怎麼樣？是不是聽到人家給「腹圍」取的名字，就能知道人家對內衣也有很大的追求？和我們今日的女性相比，宋朝女性的愛美之心可是絲毫不遜色的。

說到流行，不知道大家是否還記得曾經流行一時的褲裙。就是兩條褲腿特別寬大，雖然是褲子，但穿上以後看起來又像裙子的一種服飾。

說到這種褲裙，其實它早在宋朝就已經出現，而且也流行過一陣。那個時候，女人們都是上身著大袖的衫襦，下身穿寬鬆的褲裙，可以說為當時的街頭平添了一份美麗。

不過，我們都知道「時尚」這個東西，真的是誰都沒辦法觸及到它的精髓，今天還流行的東西，明天可能就已經過時了。別以為只是現在的我們才會緊跟流行趨勢，一千年前的宋朝人就已經會「趕時髦」了。因此，像褲裙這種寬鬆款的服裝樣式，在宋朝的「時尚界」只是流行了一小段時間後，就退出了那時的時尚舞臺，取而代之的是後來一直在宋朝流行的瘦長款服飾，而這種交替用我們今天的時尚術語來說就是「修身款」取代了「休閒款」。這種款式的衣服在宋朝真的是流行了很多年，直到宋朝滅亡。「修身款」也一直是宋朝人最喜歡的款式。

既然講到了下身服飾，有一種服飾是不得不提的，那就是百褶裙。1975年，在黃升墓出土了一件褶襉裙，這件褶襉裙的兩邊沒有打褶，但其他地方都很細緻地打了很多褶子，顏色是褐色。

△梁楷《親蠶圖》。
　圖中辛勤勞作的蠶娘們都是宋人的經典打扮，穿直領衫或
襦，短裙，褲子，抹胸，加腹圍。

　　這個可以說是我們今日流行的百褶裙鼻祖了，那個時候
草綠、水藍這種小清新的顏色是流行色，甚至可以說是主
流色。和今天的百褶裙不大相同的是，現在的百褶裙都是
樣式比較簡單，除了褶襉皺之外，很少有其他裝飾。但宋
朝時不是這樣，古代人的刺繡水準非常高超，而且還不是
一般的高，因此，宋朝的百褶裙基本上都會有十分精緻的
刺繡，還會有人在上面加上珍珠或者翡翠來作為裝飾品。
最主要的是，那個時候的珍珠、翡翠雖然是作為裝飾之用，
但卻都是貨真價實的珍珠、翡翠，而不是我們現在常用來
裝飾的人造珠子。
　　上身穿著抹胸或腹圍，下身有了褲裙或者百褶裙，不要
以為這樣就可以出門了。

△褐色羅印花褶襉裙，福州新店黃升墓出土。這種紗質裙正是我們今天所說的百褶裙的鼻祖。

　　儘管宋朝與其他朝代相比是比較開明的，但也不是說一個女孩子穿上這些就可以了。在古代，一個女孩子胳膊讓人看到了都算失節，更何況只穿個連肩膀都在外面露著的抹胸呢？因此，上身還一定得在外面再穿一個外搭。這個時候，「襦」和「褙子」就登場了。

　　「襦」有點像我們今天穿著的韓版小外搭，這種服飾在唐朝就有，在這點上應該說宋朝是承襲了唐朝的穿衣風格。簡單點說，也可以管這種服飾叫短襖。短襖多是對襟開的，下擺側縫是開衩的。雖然說是繼承了唐朝的風格，但這種短襖到了宋朝，還是有與眾不同之處的，可以說宋朝時期是有著自己風格的。

　　不同於唐朝的寬袍大袖，宋朝的襦基本都是窄衣窄袖，穿上之後使整個人看起來纖瘦而狹長。用我們今天的話來說，就是這衣服穿上後非常「顯瘦」。

△復原的襦裙圖，上身即是「襦」。

　　由於身分的不同，襦的樣式和材質也有著一些區別。有錢的人一般會用上等的綾羅做襦，襦上有著形態各異的精美刺繡。但我們知道，無論在什麼年代，奢侈品都不屬於平民，因此，綾羅刺繡的襦對於普通老百姓家的女孩子來說，是萬萬穿不起的。

　　不說樣式，不說材質，那個時候平民家的女子就連穿衣的顏色也不能由著自己的心思，不能想穿什麼就穿什麼，普通百姓在很多方面都有一定限制。當然，我們現在主要講的是襦，而關於宋朝對穿衣服的限制，我們會在之後做一個詳細的講述，在這裡就不再贅言。

　　我們把話題再拉回到襦。說到襦的分類，可以分為單襦

和複襦。單襦就類似於我們今天所穿的罩衫，只是薄薄的一層，套在抹胸等內衣的外面。而複襦則類似於襖，基本上都是帶夾層的，在冬天的時候也可以穿在身上達到保暖的作用。在晏幾道的《浣溪紗·銅虎分符領》中就有關於襦的描述，「千里袴襦添舊暖，萬家桃李間新栽」，說的正是這種複襦。

但襦和襖還是有區別的，襦可以作為日常的衣服穿著，而襖一般是閒居在家的時候才會穿。只不過我們說的這種襖也只是普通人家穿的，受到皇上封賞的貴婦人穿的都是「袍」。

除了上面提到的那些，宋朝最常見的衣服就是褙子。

褙子並沒有男女的區分，可以說是中性的。和很多中式服裝一樣，褙子也是對襟的，但它沒有扣，只是直接用帶子在胸前打一個結。這種穿法很像我們今天所流行的披肩。

從這也可以看出我們今天的流行元素中有很多都是借鑑了古人的智慧。雖然說褙子是中性服裝，不限男女，但還是有一點點區別。男人一般都把褙子當成日常閒散在家時的便服來穿，或者直接就當內襯穿了。

三、陋習也要正視

裹足

　　雖然說了很多宋朝的流行元素引導了當今流行的趨勢，但並不代表宋朝就沒有我們不能接受的東西。這樣說起來，其實在古代有很多陋習都是我們所不能迴避的。因此，在講述的時候，我們也不能避重就輕地把那些不好的地方一帶而過。

　　宋朝當然也有很多糟粕，而且還是我們不得不提到的一種和服飾有關的東西。到底是什麼呢？容我慢慢道來，因為關於這個東西的出現，真的是說來話長了。

　　要講這樣東西之前，我們先來看兩則傳說。

　　傳說一：我們都知道隋煬帝楊廣是歷史上有名的大昏君，他沒事就喜歡到處去旅遊，整個國庫裡的錢，基本都讓他拿著出去吃喝玩樂、花天酒地了。

　　有一次，他又想去江都遊玩。因為之前遊玩時的花樣基本都玩膩了，於是楊廣這一次就又想了一個更絕的花樣，即招一批縴夫替他拉船。

　　但這縴夫可不是那些普通在太陽下，光著膀子，滿身臭汗的男人們。像楊廣這樣好色的人可不稀罕男人，他要的是女人。對，你沒有看錯，他就是想招一批美女，來給他

拉船。於是，全國各地開始了浩浩蕩蕩的「海選活動」。

　　但那個時候的「海選」可不是出於姑娘們的自願，當時的姑娘們躲都來不及。但是，想躲卻是不可能的，當地的昏官們必須得把這些姑娘拉去參選才行，否則受牽連的就是他們自己了。而在這些被逼著去參加選拔的美女中，就有一個叫吳月娘的姑娘。

　　吳月娘雖然身為女人，但也是剛烈之人。本來她就十分痛恨殘暴不仁的隋煬帝楊廣，這一次竟然還要她去伺候他，這對吳月娘來說，簡直是生不如死。於是，她和自己做鐵匠的父親商量，希望父親能為她打製一把隨身小刀，看是否能夠找到機會刺殺楊廣。

　　她的父親對此舉也是很贊成，於是加緊時間幫她趕製了一把長約三寸、寬約一寸的蓮花瓣狀小刀，並用長布將刀裹在鞋底。為了避免被人發現，她把腳裹了又裹，儘量纏到最小。

　　為了分散別人的注意力，不讓別人的目光集中在她的鞋底，她還特意在鞋底刻上了一朵蓮花。蓮花是鏤空的，像個小盒一樣，她又在小盒裡放入香粉，這樣每走一步，腳下就會印出一朵漂亮的蓮花。

　　一番精心的策劃下，吳月娘果然獲得了楊廣的青睞，他把吳月娘招到自己身邊，想好好看一看她美麗的小腳。吳月娘並不緊張，而是慢慢地解開了裹腳的布，然後以迅雷不及掩耳的速度抽出布裡的小刀，向楊廣刺去。楊廣躲閃不及，被傷了手臂，但並未危及性命。吳月娘見自己的行刺已然失敗，知道如果被抓一定會受盡折磨，於是自己投河自盡了。

隋煬帝逃過此劫後，仍然心有餘悸，對裹腳的女人十分害怕，於是向天下發布命令說，以後再有裹腳的女人，一律不准選進宮中，不管這女人長得多麼沉魚落雁、閉月羞花，只要是裹小腳，就休想進宮。

　　收到這個消息之後，很多女人都很高興，因為終於有辦法不用去伺候楊廣了，也總算是找到方法來躲過「當縴夫」的禍劫，於是女子們紛紛開始裹腳，一來可以使自己在海選中全身而退，二來也是為了紀念那位叫吳月娘的勇敢女子。從那時候開始，裹腳就在廣大的婦女之間流行開來。

△劉松年《茗園賭市圖軸》，臺北「故宮博物院」藏。兩宋的婦女纏足是追求「纖直」，更多是追求一種美觀。此外，兩宋之時，纏足的多為上層社會女子，屬於小眾玩樂。

　　傳說二：在五代十國時，南唐有個李後主。話說這位皇帝是琴棋書畫樣樣精通，詩詞歌賦無所不能，但可惜的是，這人就是不樂意也沒有那個天賦做一個君臨天下的帝王。

　　但天下的事往往就是這麼荒唐，完全不想當皇上的人，上天偏偏選中他來當皇上。於是，一個愛好吃喝玩樂、詩詞歌賦的詞人，一個不算昏君的「昏君」就這麼誕生了。

　　李煜不愛當皇帝是人盡皆知的事，要說他喜歡做什麼，他也沒有什麼太不堪的愛好，就是喜歡和一群女人對對子、寫詩、彈琴、跳舞等等。

　　在他的後宮裡，有一個叫作窅娘的妃子，本來也是官宦之後，但奈何家勢衰敗，淪為一名歌伎。不過，也說不上她是命好，還是命不好，窅娘因為其出眾的舞姿，一眼就被李煜看中，進而入宮中當了妃子。由於本身身材姣好，又能歌善舞，窅娘在宮裡很能夠討得李煜的歡心，所以李煜對她也總比別人更好一些。

　　為了能更好地取悅李煜，窅娘把自己的腳纏上，向上屈弓做成新月的形狀，然後在李煜特別為她訂製的金製蓮台上跳舞，舞姿翩翩，美輪美奐，看得李煜喜不自勝，窅娘也因此而鞏固了自己在後宮的地位。

　　不久，她裹腳而受到皇上喜歡的消息不脛而走，很多貴婦紛紛效仿，為了追求她們眼中的流行和美麗，不惜把自己的腳用布纏上。或許真是上行下效，裹腳還漸漸地在普通人家中流行了起來，還「風靡」了之後的很多朝代。

　　看過上面的兩個傳說，想必大家已經知道我要講的是什麼了。沒錯，就是裹腳，也叫纏足。這種習俗被人稱為是「舊中國的陋習」。雖然這項陋習的起源有很多種傳說，

但其真正流行起來卻是在宋朝。因為根據許多出土的文物來看，五代之前女子的鞋和男子的鞋形狀是一樣的，這也就是說在五代之前，女人們是不流行纏足的。

蘇東坡曾在《菩薩蠻·詠足》中寫道：「塗香莫惜蓮承步。長愁羅襪凌波去。只見舞回風。都無行處蹤。偷穿宮樣穩。並立雙趺困。纖妙說應難。須從掌上看。」這是中國歷史上第一首詠誦纏足的詞，如果在宋代不是流行這種風俗，恐怕也不會有能讓我們蘇大才子寫出此詞的依託了。

在《鶴林玉露·柔福帝姬》中，有一則關於裹足的逸事：

「靖康之亂，柔福帝姬隨北狩。建炎四年，有女子詣闕，稱為柔福，自虜中潛歸。詔遣老宮人視之，其貌良是，問以宮禁舊事，略能言彷彿，但以足大疑之。女子顰蹙曰：『金人驅逐如牛羊，跣足行萬里，寧複故態哉？』上惻然不疑其詐，即詔入宮，授福國長公主，下降高世榮。汪龍溪行制詞云：『彭城方急，魯元嘗困於面馳；江左既興，益壽宜充於禁臠。』資妝一萬八千緡。紹興十二年顯仁太后回鑾，言柔福死於虜中久矣。始知其詐。執付詔獄，乃一女巫也。嘗遇一宮婢，謂之曰：『子貌甚類柔福。』因告以宮禁事，教之為詐。遂伏誅。前後請給賜賚計四十七萬九千緡。」

這個故事翻譯成白話文就是：

有一個流亡的普通人家的姑娘，因為長得像在靖康之難中被擄走並已經死亡的皇帝妹妹柔福，又偶遇柔福的貼身宮女，得知了和柔福有關的宮中祕事，因此假冒柔福進宮。但在查驗的時候，發現她的腳十分大，因此對她的身分產生了懷疑。

　　想想，一個姑娘外貌十分相似，根本看不出她與原來的公主之間有什麼不同，唯一露出馬腳的竟然是腳的大小與公主有所不同。所以，從這裡也能看出宋朝纏足的流行程度了。

　　不過，我們也能從這個故事中看出另外一件事情，即雖然纏足是在宋朝開始流行的，但也僅限於上層社會，並不是全國上下都流行裹腳。此外，宋朝的裹腳樣式與清朝的那種小腳也是有所不同的。但不管怎麼說，這個毒害了中國婦女很長時間的陋習，確實是從宋朝開始流行的。

四、穿對衣服才能保住腦袋

服裝顏色禁忌

　　大家都知道，階級制度在中國古代社會是一直存在的。在封建社會，階級制度是完全無法忽略不計的。想要在那個社會生存下去，就要好好地遵守這種等級制度，萬一一個不小心逾越了半步，連小命也會一起丟掉。因為等級制度體現在生活的各個方面，對衣食住行都有規定限制。

　　穿衣戴帽也是如此。如果一不小心穿錯了衣服，也有可能惹火燒身，引來殺身大禍。

　　第一個需要注意的穿衣方面禁忌就是衣服的顏色。大家看到這，可能覺得很不可思議。我自己買布做衣服，花的是我自己的錢，也沒要別人掏錢出來，那不是就由著我的喜好，想挑什麼色就挑什麼色嗎？憑什麼穿個衣服還得看別人臉色，聽別人的話？

　　不過這種想法你放在心裡想想就好了，可千萬不要從嘴裡說出來。要知道，在宋朝，等級制度也算是森嚴了，一不小心，就有可能成為刀下亡魂。所以，想歸想，做歸做，在那樣的年代，很多事情還真就由不得你自己做主。比如說，如果你哪天穿了一件黃色的衣服上街，那麼馬上就會遭到牢獄之災了。

在講唐朝的時候我們就說了，黃色是民間的禁忌，因為皇帝的龍袍就是黃色的，象徵著尊貴和獨一無二。如果平民穿著黃色的衣服，會被人看成是想要「造反」。你想想看「造反」這是個多大的罪名啊，要是真扣上了這個罪名，到時候你要考慮的就不只是坐牢的問題了，能不能保住自己的項上人頭都不一定。

事實上，宋朝在穿衣的習慣和樣式上都承襲了唐朝，甚至比唐朝還更進一步，比如說黃色。

在宋朝，普通人穿黃色完全是大忌，而且恐怕比唐朝還要嚴重。說到這裡，你可能要問個為什麼了。這其實是和宋朝在最初建立的時候有著很大的關係。

眾所周知，宋太祖趙匡胤是經過「陳橋兵變」「黃袍加身」等一系列的行動，才登上皇位。從那之後，他對武將的權力進行了種種限制，更是採取了「杯酒釋兵權」的方法來防止武將權力過大，功高蓋主，篡奪江山。

這麼一個疑心重重的人，對於普通人穿象徵著「皇權」的黃色衣服肯定是無法接受的。所以，在宋朝穿黃色衣服這件事情，你還是不用考慮了，不然哪怕你是「九命怪貓」，那九條命恐怕也不夠讓你丟的。

除了黃色之外，在宋朝你也不要打紫色的主意。如果你只是個普通人，請記住這個忠告：千萬不要穿！

你可能又不高興了。這黃色的不能穿，紫色的怎麼也不能穿啊？這你可就有所不知了，宋朝的貴族將紫色看成是「貴色」，明確規定民間不可以穿著紫色的衣服。據《燕翼詒謀錄》中記載說：「仁宗時，有染工自南方來，以山礬葉燒灰，染紫以為黝，獻之宦者洎諸王，無不愛之，乃

用為朝袍。乍見者皆駭觀。士大夫雖慕之，不敢為也。而婦女有以為衫襖者，言者亟論之，以為奇邪之服，浸不可長。至和七年十月己丑，詔嚴為之禁，犯者罪之。中興以後，駐蹕南方，貴賤皆衣黝紫，反以赤紫為御愛紫，亦無敢以為衫袍者，獨婦人以為衫襖爾。」

從上面這一大段看不太懂的文言文中我們也大致可以知道，說有某個染色工給王爺級的人物染了紫色的衣服，當朝這些王爺看著都稀罕得不得了，其他一些朝臣看著也很喜歡，但也只能眼饞而已，是萬萬不敢穿在身上的。

後來宋朝就把這事定到了國家法律的層面，普通人私下裡敢用紫色布來做衣服的，一律以罪論處。人民就算有天大的膽子，也不敢跟國家法律作對，你說是不是？

因此，除了皇帝的專屬顏色黃色之外，紫色最為顯貴，官員三品以上官服為紫色，五品以上為朱色，也就是紅色，七品以上為綠色，九品以上為青色。當然這些只是宋朝初期，到了宋神宗元豐年之後，對穿紫色衣服寬容了一點，四品官員也可以穿著了，其他顏色也稍稍往下延了一些。

反正說白了就是，衣服越紫越貴，穿著紫色衣服的人隨著紫色的深淺可以看出他大概的身分及地位的高低。

從宋朝開始的穿衣禁忌色還有一個，就是白色。《禮記‧曲禮》中對於白色就有這樣的記載：「為人子者，父母存，冠衣不純素。」父母在時子女忌穿白衣、戴白帽。這是因為古代只有死人的時候才會穿著這種顏色的衣服。如《禮記‧郊特牲》中所說：「素服，以送終也。」即使是現在，人們在居喪守制、親人服期的時候也忌諱穿戴紅、紫等彩色衣飾，而多以黑白色著之。在婚年壽節、喜慶之

日則正好反，是忌白尚紅。

△清人所繪宋真宗趙恆像。
　除了皇家的服飾，宋代的官服也有著嚴格的等級劃分，根
　據顏色的不同，便可大概猜出其人的官階。

　　根據史料記載，到了魏晉南北朝及隋唐時代，忌素服的
習俗曾一度中斷。也就是說那個時候，白色衣服並沒有什
麼特殊的禁忌，想穿就可以穿。那麼，這個習俗又是從什
麼時候恢復回來了呢？答案就是宋朝。

　　宋高宗年間，以杭州為首的南方地區天氣十分炎熱，人
們嫌棄夏天的燥熱，都想穿得涼快一些，所以更傾向於穿
淺色衣服。很多士大夫喜歡穿著一種比較寬大的外衣，這
種外衣是用羊毛或者葛麻製成的，因為顏色是白色，看起

來十分清涼，所以人們又稱這種衣服叫「涼衫」。據《宋史·輿服志》記載：「涼衫，其制如紫衫，亦曰白衫。」

本來大家穿得既涼快又舒服是一件很好的事情，可是偏偏就有那種「矯情」的人出現。

宋孝宗在位時，有一個禮部侍郎跟皇帝說：「我這些日子總能看到這些士大夫們都穿著『涼衫』，那其實一點都不美觀，而且看起來有凶的嫌疑，不吉利。」於是從那時候開始，朝廷下令，一律禁穿涼衫，後來宋孝宗駕崩了，這些大臣們參加葬禮時所穿的就是白色的涼衫。從這之後，民間服飾忌穿白色和以白色為凶色就作為官方制度定了下來。

上面提到的這些，都是在宋朝關於穿衣顏色方面的禁忌，也是身為一個宋朝人必須要知道的，只有做到這些才不至於讓自己因為在某一天裡穿錯了衣服而獲罪。

五、腰帶上面知高低

從腰帶看官員等級

　　那麼除了顏色之外，還能透過什麼來辨別出這些官員等級的高低呢？筆者再教你一個辨別的辦法，就是看腰帶。

　　那個時候的腰帶跟我們現在的可不一樣，並不是用來繫在褲子上紮緊褲子的，而是用來紮緊衣服的，並且腰帶上還能掛一些裝飾品什麼的。這種腰帶叫「銙帶」。

　　「銙帶」的製作材料是皮革，分為帶鞓、帶扣、帶、帶尾四個部分。帶鞓是指皮革製的皮帶身，在使用中常用紅、黃兩色絲、帛包裹。帶扣一般是用來起連接作用的。

　　帶，釘綴於皮帶表面的片狀飾牌，有金、玉、銀等多種材質。上有環，用於繫鞢。「鞢」原指馬鞍上垂下的裝飾皮條，後來用於牧民的腰帶上，以懸掛隨身小工具和物品。這種腰帶最早是在兩晉時期出現，北方遊牧民族廣泛使用，後來才傳入中原，因此，這種帶又叫「蹀躞帶」，也名「鞢帶」。帶尾，又名獺尾、撻尾、鉈尾、插尾或魚尾。裝在革帶末端的護鞘上，一頭方，尾梢圓弧。

　　最開始這種腰帶只是一種普通的裝飾品，到了唐朝才逐漸演變成一種可以區分官員身分的標誌，形制也發生了變化。飾牌上不再使用環、鞢，失去了生活實用的功能，僅

有裝飾作用，這種變化主要發生在唐代中期。

最早對佩帶、腰帶的等級做明文規定的是唐高祖時期，規定：「三品以上飾用玉革帶，四、五品用金革帶，六、七品飾銀革帶，八、九品及庶人飾石、銅、鐵革帶。」

而到了唐高宗時期，則對腰帶的質地和數量做出了更具體的規定，即：「文武官三品以上，金玉帶，十二；四品，金帶，十一；五品，金帶，十；六品、七品，並銀帶，九品至庶人服黃銅鐵帶。」唐睿宗時，又進行了一系列的調整：「一品至五品並用金，六品、七品並用銀，八品、九品並用石。」

因此，唐代關於腰帶的規定可以說對宋朝的腰帶制度產生了一定的影響，北宋建立後，確立了新的官員服帶制度。《宋史・輿服志》記載：「宋制尤詳帶有玉、有金、有銀、有犀，其下銅、鐵、角、石、墨玉之類，各有等差。」自此以後一直到明朝，漸漸發展出了一套完備的腰帶制度。

太平興國三年（西元978年），宋太宗設立了專門製造內用及賞賜用帶服的文思院。隨後，他命令翰林學士承旨李昉制定了宋代特有的官員帶等級制度，以金代玉，將金帶定為最高級官員的主要服帶，並大力優寵文臣。

在這之後，真宗、仁宗各朝又對此制度加以補充，至宋神宗元豐改制之前，服帶制度已十分詳細、嚴格。不同級別和類型的官員，帶的質地、紋飾和重量都有所區別，腰帶已經有了後代補服的功能。到了宋神宗元豐改制前夕，北宋官員帶制已基本定型。

北宋金帶與前朝最大的不同之處是，不但以帶的質地和數量區別官階，而且以帶的紋飾、重量和附設（魚袋）相

區別。如《宋會要輯稿‧輿服五》記載著「凡新除恩慶，宰臣、樞密使、知樞密院事、參知政事」等一品朝官「賜金笏頭二十五兩帶，副以魚袋。武臣御花仙帶，無魚袋」，資政殿大學士、翰林學士、御史中丞等朝官，「並賜金御仙花二十兩帶」，而「文臣換武臣並賜塗金銀寶瓶十五兩帶……供奉官至殿直荔枝十兩，奉職、借職雙鹿八兩。堂後官新除賜塗金銀寶瓶十五兩帶」。

△圖中女子所佩帶的就是唐、宋兩代廣泛使用的「蹀躞帶」。

在《宋史‧輿服志》與《文獻通考》中詳細記載了北宋官員金帶樣式和紋飾的實際情況，兩文獻所載共計有單尾金帶五種，單尾塗金銀帶十種，雙尾金束帶八種，雙尾塗金銀四種，合計二十七種。

紋飾有球路、御仙花、獅蠻、海捷、寶藏、天王、八

仙、犀牛、寶瓶、雙鹿、行虎、窪面、戲童、胡荽、鳳子、寶相花和野馬共計十七種。

御仙花帶是北宋高級金帶中最為常見的一種，後人稱之為「荔枝帶」。在江西宋代郭知章墓、江蘇元代呂師孟墓和寧夏八號西夏王陵，都出土過金御仙花帶。

北宋時期的金御仙花帶有二十五兩、二十兩、十五兩、十兩四種。其紋飾為立體高浮雕纏枝花果紋，花果頂端鏨刻細圓點紋，形似荔枝，枝莖用金薄片卷成，分兩層，互相纏繞，連續不斷，是精美絕倫的藝術珍品。

而到了南宋以後，「賜帶者多，匠者務為新巧，遂以御仙花枝葉稍繁，改鈒荔枝，而葉極省」，因此又出現了「絲頭荔枝」「剔梗荔枝」等新樣式。

透過以上的種種說明，相信大家在心裡對透過腰帶來判定官員等級的方法，已經有了大致的瞭解，即便穿越到宋朝，也能知道要去討好哪位達官貴人。

如果覺得這個東西記起來實在是呆板無趣，而且看著這種種的說法頭都要大了，那麼還有一個超級簡便的方法，這方法一般人我是不會告訴他的，但現在就破例傳授給你們吧。

我說的這個簡便的方法，就是看帽子。那個時候的帽子又叫冠，如果想快速地區分官職的大小，就數帽子上的梁數，梁數越多，說明這個人的官級越大。

宋代前期最多還只有五道梁，但到了後期就變成七道梁了，只要你的數學不是超級差，數個數應該是沒什麼問題吧。你就順著往下數，那麼你眼前這個人到底是個多大的官，也就一目了然了。怎麼樣？這個方法很簡單的吧。

要知道，封建時期的等級制度是十分森嚴的，如果不嚴格按照這些既定的等級制度生活的話，在當時的社會你會死無葬身之地。沒了唐朝的開明風氣之後，宋朝的一系列制度對後來的各朝都產生了深遠的影響，這應該算得上是宋朝的一種時尚表現吧，雖然這種時尚和我們今天所提到的時尚並不相同，但在當時來說，能夠開創一種制度的先河，恐怕也得算走在了時代的前列。

不管怎麼說，如果不小心穿越回宋朝的話，一定要把今天你看到的這些在心裡反覆默念，這樣才能讓你平安度過最初的適應期。不要以為自己的運氣好，好到可以忽視這些在當時無法忽視的因素。

六、男也愛花冠，女更愛紅裝

宋朝的妝飾

　　在那些記憶中的童年生活裡，你都有著怎樣的樂趣呢？在筆者看來，恐怕很多人都會想到小的時候裝扮古代人的經歷。這是因為在筆者的童年，就做過如此「腦殘」的事情，現在說出來，可以奉為「笑談」。

　　記得小時候，我是一個「電視兒童」，而在眾多類型的電視劇中，最喜歡的就是古裝電視劇，特別是《射雕英雄傳》這一類的武俠片。最搞笑的是，每次看過之後，我都會和小夥伴們一起扮演其中的角色。

　　不過當時我們的物質生活並不像現在這麼豐富，所以手頭上也沒有那麼多可供打扮的材料，只能拿些絹花插滿頭，裝作是花冠。然後男生們會披個毛巾被，在腰間插個「蒼蠅拍」作為「寶劍」，扮作大俠。雖然現在回想起這些情節會覺得好笑，但說到底，還是因為年少的我們對古代的生活，特別是對古代人的裝扮充滿了嚮往。

　　不管是那些金光閃閃的金釵，還是亮晶晶的環佩叮噹，對於我們生活在現代的普通人來說，都格外的光彩奪目和華美異常。既然我們沒有辦法真正地穿越回到古代去生活，那不妨和筆者一起從書中去追尋那段光輝燦爛的妝飾歷史。

　　說到裝扮，我們在講唐朝妝容的時候也曾經提到過，由於古代保守的風俗習慣，女子在出門的時候並不是很方便。根據史書上的記載，女子們在出遊的時候，是不能把臉露出來的，為此，她們都會在帽子的外面罩上一層面紗，垂在帽簷之下，用來遮蓋住自己的臉龐。

　　不過這種裝扮到了宋朝的時候就已經淡出歷史了，因為隨著時代的發展，這個時候女子出門已經不需要遮住臉部。取而代之的，是宋朝女子開始在頭上戴各式各樣精美的髮飾，它們大致上可以分為兩種，一種是冠，一種就是我們在電視上常見的環佩類的頭飾。

七、我就是愛漂亮

女子的冠

　　不管在什麼時候，女人恐怕都是愛美人士。即使是在物資不算豐富的宋朝，女人們也無時無刻且盡心盡力地打扮自己。這也使得宋朝女子戴的『冠』樣式多種多樣，比如白角冠、珠冠、花冠、團冠、和高冠等，而所謂的冠，我們稱它為『冠梳』。冠梳是北宋婦女髮髻上最有特點的一種裝飾，而且最重要的是種類繁多。

　　宋朝的冠在最初的時候只是單純的用漆紗做成冠，然後在上面點綴金銀或者珠翠等裝飾。冠是用漆紗、金銀和珠玉等製成的，一般很大，有的冠長達三尺，有的和兩肩一樣寬，冠上插的梳子也很長，而且不止一把，這種裝飾一開始的時候是在宮中出現的，後來普及到民間，並成為婦女的一種禮冠。而其中有一種白角冠，這是一種用來配合白角梳使用的冠梳，在當時可以說是最流行的。

　　北宋仁宗年間，出現了一種叫作白角冠的冠，這種冠很大，大到什麼地步呢？我們用現在的眼光來看，最大的「長至三尺」，有的甚至能和兩個肩膀的寬度比肩。插在頭上，走起路來的氣勢非比尋常。大家想像一下，那麼大個東西頂在頭上，多霸氣啊，一秒變皇后！走路的時候肯定是抬

頭挺胸的，要不然怎麼能支撐住呢？

可惜，大概是這種冠戴在頭上太過招搖，到了宋仁宗時期，仁宗皇帝覺得這種冠太奢華了，於是在皇祐元年十月下了一道詔書：「中上不得以角為冠梳，冠廣不得過一尺，長不得過四寸，梳長不得過四寸。」按今天的解釋，就是官方出面禁止了這種冠。

△圖中女子所戴的就是白角冠，最大的「長至三尺」。

果然，詔書一下，美女們開始煩惱了。女人喜歡追求美麗和流行，你現在這麼做，不是擺明了讓我們美女們為難嗎？不過，既然上有政策了，那我們就得下有對策。人民的智慧是無窮的，更何況是一群在追求美麗的道路上狂奔不止的女人們呢？美女們覺得，既然我們在冠的尺寸上被限制了，那就從其他方面來下功夫，比如開始了對材質的追求。

　　於是，宋朝的冠所用的材質開始朝五花八門方向發展。比如象牙、金銀、夜明珠等，反正是什麼漂亮，什麼值錢，什麼閃亮就都往腦袋上招呼。總之，那時候冠所用的材料越來越豐富，可以說是琳琅滿目。因此，根據材質的不同，還分為珠冠、花冠等。

　　據說，當時男人娶老婆的時候，女人們也和現代美女一樣，在首飾方面做出各式各樣的要求，你要想娶回家，就得滿足這些要求，要不然，休想討到老婆。

　　當然，那時候不像我們現在要求項鍊、手鍊、戒指這一類，人家是要求男方用珠翠、花冠、珠冠等來作為聘禮，送給女方。你看，不同的時代，對於物質的追求果然是有著很大差別的。

八、男人也花花

　　不過，如果因為這樣，你就覺得花冠只是女人的最愛，那可就錯了。從各種歷史記載來看，古代的男人們在對美的追求上，其彪悍程度一點不輸給女人們。

　　唐朝如此，宋朝更是如此。不說別的，單說花冠這種頭飾，不只宋朝的女人們愛戴，男人們也是爭先恐後地弄來戴在自己的頭上。

　　如果有一天，你穿越回到了北宋，剛好掉到北宋的都城開封，就看到眼前有一位長著濃密落腮鬍子的大叔，頭上帶著一頂花團錦簇的髮冠，對你莞爾一笑，問：「這位，你怎麼了嗎？」估計看到這位大叔，你會立刻嚇得從地上跳起來，可能還會在心裡滴咕：「這難道就是『日出東方，唯我不敗』的東方不敗教主的形象嗎？」當然，這個可以說是，但也可以說不是。雖然外表上打扮成了「東方不敗」，但人家還是有著一顆純正男兒心的。而你眼前的這位大叔的打扮，只不過是宋朝時期最流行的一種時尚造型。

　　那麼這個時候問題就產生了。為什麼宋朝的男子喜歡戴花冠呢？明明是大老爺，卻喜歡女人的東西，這十分不合情理啊。但其實，南宋著名的理學大師朱熹曾經說過，宋

代男子是非常注重穿著的，所謂「大抵為人，先要身體端正。自冠巾、衣服、鞋襪皆須收拾愛護，常令潔淨整齊」。這也說明了宋朝的男人在穿衣打扮方面是非常講究的。

　　而宋朝的男人之所以喜歡戴花冠，最開始是與朝廷禮儀有關的。從宋朝初期開始就已經形成了一種習慣，每次朝廷舉辦什麼隆重的集會，皇帝和大臣就會戴上花。而且這花也不是說誰都能戴的，那個時候頭上戴花最起碼得官至三品才行。至於什麼時候戴什麼花，那也是有講究的。

　　當時，宋朝還是一個強國，大國的皇帝過生日，周邊國家自然會派使臣出席生日宴會，而為了在各國使臣的面前顯示本國崇尚節儉的精神，皇帝就會戴用絹帛做的花。而舉行國宴的時候，王公大臣就可以由著性子來，怎麼漂亮怎麼打扮，這時他們戴的花冠一般都是用紗羅做的，漂亮得不得了。

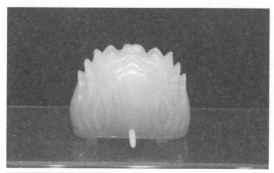

△白玉蓮瓣形發冠，高7.3公分，直徑8.9公分，白玉材質，
　留有出土鏽斑，冠面雕琢互相對稱的蓮花瓣。

　　皇帝玩高興了，還會賜花給下面的官員，這種由皇帝賞賜的花叫御花，根據官員的官階高低，御花所用的材質也

不盡相同。到了南宋的時候，每逢國家重要的節日慶典，官員們都會戴花。那個時候的花分為三種，一是大羅花，二是欒枝，也就是雙枝花朵，三是大絹花。

宋朝男子戴花冠，除了與朝廷的習俗有關之外，還與宋朝時期的重文輕武的風俗有關。我們都知道宋太祖趙匡胤「杯酒釋兵權」的故事，這也為後來宋朝的積弱埋下了伏筆。但也正因為如此，宋朝的文學成就和唐朝相比，一點也不遜色。而那些大文學家們，用我們現在的話來說，個個都算是「文藝青年」，過著「文藝、小資」的生活，除了日常行事之外，在穿衣打扮上也是自有一番品味。

當時很多士大夫沒事的時候就喜歡開個茶話會、座談會，大家在一起談談文學，討論討論國家大事。如果有幸出席這種場合，你就會看到一群頭上戴著花或者花冠的男子。

關於這些士大夫戴花，還有一個有趣的故事。

北宋時期，韓琦正在當揚州的知州，當時他府衙的後花園裡開滿了花，其中有四朵金黃色的芍藥非常引人注目。韓琦很開心，決定在花園裡擺下酒宴，請各位好友來參加。

席中，他想把這四朵花贈給知己，除了自己留一朵之外，其餘的三朵分別給了在文學史上鼎鼎大名的王安石、王珪和陳升之。最巧的是，擁有了這四朵花的四位男子在後來都分別做了宰相。因此，那時候人們都傳說他們的時運是因為戴了花，獲得了從天上降下的「花瑞」的祝福。

說過了男人們對花的喜歡，我們再把話題拉回我們的主題——冠。

九、繼續再說冠吧

女子的冠

　　要說那時候的髮冠，是非常漂亮和複雜的。前面我們也說了，只要是能拿來裝飾的東西，人們都會用到冠上，而有些花冠就是用絹花製成的。杏花、桃花、牡丹、芍藥等花卉，都能成為冠的裝飾花朵。

　　而有錢人家裡可能還會更特別一些，比如說把一年四季能看到的花都放在冠上，看起來滿眼繽紛色彩，有人替這種髮冠取了一個好聽的名字，叫「一年景」。

　　到了後來的時候，女人對於戴花樣的冠感到厭倦了。正如現代女人在流行上所投入的熱情，是來得快去得也快，因此，新一批的冠裝飾就取代了舊的一批。

　　比如在《武林舊事》中，有著相關記載說：「元夕節物，婦人皆戴珠翠、鬧娥、玉梅、雪柳……」而在《續齊諧說》中，也指出：「又婦女首飾，至此一新，髻鬢簪插如蛾、蟬、蜂、蝶、雪柳、玉梅、燈球，嫋嫋滿頭。」就是這些讓人看起來眼花繚亂的裝飾品，使得被禁止戴「假髮」的宋朝女子，能夠變得比之前還要令人賞心悅目。

　　所以說，宋朝的美女們對於髮冠的癡迷程度可以說是如癡如醉，有的時候頭部左右、兩側插的梳子太多，或者冠

上戴的裝飾品太多，導致這些女人在上轎或者進門的時候，只能把頭側過來，那種情景也是十分滑稽的。也正是因為如此，才有了宋仁宗後來的詔令。

《塵史》云：「編竹而為團者，塗之以綠，浸變而以角為之，謂之團冠。」在白沙宋墓出土了一幅壁畫，壁畫上面就可以清楚地看出那個時候的團冠是什麼樣子的。

根據記載顯示，只要把團冠的兩邊去掉，再加高，就變成了另外一種冠式，叫山口冠。而現代出土的《磚刻廚娘圖》拓片中，我們能明顯看出來，圖裡的廚娘戴的就是這種冠。

由於冠的流行，特別是花冠在男、女當中都十分流行，使得用羅、絹做的花也在當時流行了起來，大文學家歐陽修曾經提到過：「洛陽之俗，大抵好花。春時城中無貴賤皆插花，雖負擔者亦然。」一句話就寫出了當時頭戴花的流行程度。不只是文人雅士，就連街邊的小販也喜歡在頭上插花。也正是這種風俗，對當時的花卉種植業發展有了很大的促進作用，同時也為製作假花和販賣鮮花的生意提供了廣闊的市場。

十、我們終於成年了

髮髻

在冠的下面，是梳好的髮髻。而在中國古代，梳髮髻還是成年的象徵。宋朝也是如此，對於成人的禮節更是非常重視。

古時候女孩子成年了之後，都會把頭髮在腦後盤成一個髮髻，這種禮節就是女子的成人禮，還被稱為笄禮。只要一個女孩把頭髮盤成髻，就說明這個女子已經是個成年人，可以進行婚配了。

在《宋史》中，有著關於這些的記載。在宋朝，公主的成年禮分為三加三拜，三加分別為加髮笄、加髮簪、加釵冠，禮畢之後，還要聽她的父皇訓話，內容無非就是些妳已經長大了，不能再像小孩子一樣頑皮云云。然後皇后和皇帝的其他妃子也會對成年的公主表示祝賀，祝賀她終於出落成一個標準的大美女等等。

這樣看來，在古代髮髻對於女孩子來說，不僅有裝飾的作用，還有著年齡上的象徵，代表著一個女子的年齡階段。

如今女孩子梳的髮髻都是盤髮，比如丸子頭，花苞頭等，無外乎這麼幾種，而且還老是被人冠以韓式或者日式的名目。然而，縱觀歷史，中國古代女子盤髮的方法可以

比得過如今流行的一切盤髮樣式，或者說，在宋朝女子的髮髻面前，那些花苞頭之類的都可以被忽略。

就拿最簡單的盤髮來說，宋朝的女子只是把頭髮簡單地用布包起來。雖然這塊布說起來簡單，但其實並不簡單。因為宋朝的美女們會把包頭的布繫出多種讓人眼花繚亂的造型，蝴蝶結這種都只是小菜一碟，甚至還有人在髮髻中間插上花鈿和釵簪。

宋朝的女孩子最喜歡的是把頭髮梳成高高的髮髻，有點類似於我們今天的沖天辮，只是相比今天的沖天辮，宋朝的看起來更加溫柔一些。而有些女孩子，如果自己的頭髮太少了，不足以梳成這種髮式，就會用上一種很神奇的東西，叫鬢髲。這個東西在現在看起來可能還很普通，但如果它出現在宋朝，恐怕就不是什麼普通的東西了。你甚至可能在看到這東西的時候會大呼：「原來那個時候就已經有假髮了！」

沒錯，剛才我們所講的那種神奇的東西，就是類似於我們今天的假髮的一種東西。很多時候，宋朝女子覺得梳髮髻太麻煩了，就會事先做好假髮，然後等有需要的時候，再把它戴在頭上。因為這種東西在當時也算是刮起了一股流行風，所以在開封甚至還有專門賣假髮髻的店鋪。

除了高高的髮髻之外，宋朝時還流行扁扁的髮髻。所以說宋朝人真的很聰明，這種扁髮髻又大又扁，正適合在睡覺的時候梳。這樣在睡覺的時候還會覺得涼爽而且不會礙事，應該比我們今天在家裡把頭髮鬆鬆地挽起來的所謂居家髮型要更舒服一些吧。

好了，我們的髮髻梳好了，如果不戴冠的話，是否還有

其他頭飾呢？這當然有啊，無論什麼時候，女人的愛美之心都是不會缺少的。

我想大家在小的時候之所以會被古代的裝扮所吸引，很大一部分是因為服飾的華美和飾品的精緻。特別是女孩子，對於那些插滿頭的釵子更是心心念念，那麼我們就來看看這些最為我們所熟悉的釵子吧。

說到釵子，恐怕你的第一個反應就是：「啊，我知道一首題目和釵子有關的詩詞。」沒錯，就是那首被很多因家中不同意而不得不分手的戀人奉為經典的宋朝大詩人陸游的《釵頭鳳》。鳳釵，就是頂端是鳳凰的釵子，有詩云：「鳳釵半脫雲鬢，窗影燭光搖。」大家想像一下，女子將一頭烏黑的長髮細緻地盤起，然後一隻鳳凰在頭頂翩翩起舞，是多麼讓人心動的景象啊。

當然，鳳釵只不過是眾多漂亮釵子中的一種，其他還有折股釵、竹節釵、螭虎釵等等。我們在這裡就不形容它們的樣式了，因為筆者認為即用再多的華麗詞藻，也無法真正地描述出這些釵子的漂亮，如果不是親眼所見，只靠想像，是沒有辦法真正體會出來的。

除了這些以外，還有步搖、簪子和梳篦，更別提我們在前文提到最常見的那些插在頭上的花了。這些頭飾大多用珍珠、寶石點綴，可以說製作精良，華美珍貴。

關於宋朝的服飾和飾品，我們就講完了，在我們對那些琳琅滿目的服裝、飾品讚歎不已的同時，恐怕也想對宋朝人的審美觀及為了追求美所做出的種種努力而頂禮膜拜。

△《四美圖》

　　此圖描繪了四個盛裝的仕女，人物皆身著襦裙，頭戴花冠，肩有披帛，手執繡物，從中也可看到宋代女子的幾種髮髻樣式。

2.

吃吧吃吧不是罪

一、民永遠以食為天

食物篇

　　不管在什麼時代，填飽肚子都是老百姓的頭等大事。

　　努力賺錢，就為了讓自己的嘴過得好一些，這是無論生活在哪個朝代的人都無法迴避的事情，在我們的大宋朝更是如此。我們不用去尋找其他的證據，只要看一看那幅最著名的《清明上河圖》，就一目了然了。為什麼這麼說呢？

　　攤開《清明上河圖》，一股久遠的味道撲面而來，從整幅圖畫中，我們能夠切實地感受到宋朝人民物質生活的極大豐富。而在這幅畫中，繪製了百餘幢房屋樓宇，除了標有「久住」的旅店、「趙太丞家」的藥店、綢布莊、木工作坊、官府機構等，已經被確定是供老百姓解決吃喝問題的店家至少就有四十五處之多，幾乎占了這些建築的二分之一。這種比例，足可以顯示出宋朝的人是不輸給現代人的「吃貨」。

　　據史料記載，在北宋後期，當時的東京汴梁的人家，往往只於市店購買食物，不置家蔬。看到沒，宋朝人夠前衛吧。我們的父母一輩子都講究在家裡做菜做飯，就是俗稱的「開伙」，而年輕一代不常在家裡「開伙」，有時還會被老一輩的人詬病。但你看看宋朝人，人家那個時候就流

行在外面「上館子」來解決自己的吃飯問題，可見和人家相比，我們思想上反倒是落後了很多啊。

△《清明上河圖》（局部），北宋畫家張擇端所作，以長卷形式，描繪了北宋京城的城市風貌和市井生活，是研究北宋社會生活的重要資料。

　　正因為如此，東京汴梁的餐飲業才會如《清明上河圖》中所畫的那般發達，正是「夜市直至三更盡，才五更又複開張」。一個地方的餐飲業發達，那麼好吃的東西必定也是很多的。我們這些現代的「吃貨」，如果有機會穿越到那邊，又怎麼能不見識一下當時的那些吃食呢？但是，穿越並不是一件容易的事，所以還是讓我們先在紙上領略一下那些吃食的風采吧。

二、油條和秦檜有什麼關係？

油條的來歷

　　第一個我們要說的東西，可以說是家喻戶曉，至少在人民的生活中，這個東西穩穩地占據著早餐的前幾名。猜到是什麼了嗎？沒錯，就是油條。

　　油條，在中國北方人的口中被稱為「大果子」。關於油條的叫法還有很多，比如油饃、油炸果、油炸燴等等，都是油條的別稱。

　　而油炸燴這個名字更是與中國古代最著名的奸臣秦檜有關係。至於這其中的緣由，如果你想知道的話，不妨跟著我們一起來看看下面的故事。

　　秦檜是個大奸臣，這件事恐怕連小孩子都知道。而他一生所做的壞事當中，最出名，也最終使得他落得個「遺臭萬年」下場的，就是造成了南宋抗金名將岳飛的冤死。

　　西元1141年，仍在前線殺敵抗金的岳飛被「十二道金牌」下令退兵，後被冠以莫須有的罪名，慘死於風波亭，而這一切的一切都是因為當時的宰相秦檜和他的老婆王氏。

　　岳飛死後，老百姓得知這些都是秦檜搞的鬼，因此心裡都對這對「狗男女」恨之入骨。大家在街上奔相走告，每個人的心中都充滿著憤怒和悲傷。但儘管如此，手無寸鐵

的百姓又能對當朝宰相怎麼樣呢？所以每個人都只能在心裡罵這對賣國賊夫妻。

當時在京城眾安橋的橋下有一位麵點師傅，每天做麵點的時候，心裡都想著這件事，終於有一天，他想到了一個點子。既然不能真的對活人做什麼，那就自己想辦法來消除心頭上的憤恨吧。於是，他用麵粉團捏出了酷似秦檜夫妻的麵人，又把這兩個麵人背對背地黏在一起，最後再扔到滾燙的油鍋裡去炸，一邊炸還一邊大叫：「油炸檜，賣油炸檜嘍。」

老百姓一聽「油炸檜」，都紛紛跑過來看是什麼東西，很多人都圍著麵點師傅和他面前的大油鍋。一邊聽著麵點師傅那解恨的叫賣聲，一邊看著麵人兒在油鍋裡被炸得吱吱作響，全都拍手叫好。於是，這些人都爭著搶著要吃下這兩個被下了油鍋的「奸人」，以解心中的仇恨。這家麵點鋪也因此而聲名大噪，生意好了很多。

但生意好了，困難也就來了。因為要捏好一個麵人可是需要時間和功夫的。只有麵點師傅一個人，面對著眾多來搶購麵人兒以解心頭之恨的顧客，可以說是應接不暇，即使他一天下來，手不停地捏，也還是有很多人吃不到。

為了讓每個慕名而來的人都能吃到炸麵人兒，麵點師傅就簡化了步驟，他把大麵團切成細條，每兩條為一組，一根代表秦檜，一根就代表王氏，用擀麵杖一軋，然後扭在一起，放到油鍋裡炸，但是名字不變，仍然是叫「油炸檜」。

雖然在我們今天看來，這個麵點師傅的做法實在是有「炒作」之嫌，但在當時確實達到了一定的作用，而且自己的生意也變好了。因為味道本身也不錯，價錢又不高，

所以來吃的人絡繹不絕。

△秦檜夫婦跪像。

　秦檜是南宋著名奸臣，二次拜相期間，他極力貶斥抗金將
　領，並苦心謀劃害死了岳飛。岳飛平反之後，秦檜跪像陸
　續出現，現存的尚有七處。

　　因為「油炸檜」是兩根細細的長條靠在一起的，所以，
人們就開始稱這種東西叫「油條」。

　　後來，這種作法就流傳開來了，「油炸檜」也就因此得
以在各地出現，以至於後來成為人們餐桌上一份重要的早
點，特別是在北方，也幾乎已經成為北方人早點的代名詞了。

三、又跟秦檜有關係？

雜燴的由來

　　要說這個秦檜，如果他知道他對岳飛做的一切，使得他以及他的子孫一輩子都抬不起頭來，不知道他當初還會不會那麼選擇。

　　但人生不能假設，也無法重來，他當初所選擇的已經讓他走上了遺臭萬年的不歸路，也正因為如此，很多與他有關的吃食也留傳下來。除了被稱為「油炸檜」的油條之外，河南的「雜燴菜」也與他有著很大的關係。

　　「雜燴菜」在河南可以說是一道名菜，雖然不起眼，但在河南人的心目中，這道菜可是很好吃，很有名的。每當過年過節，或是家中有客人來訪，河南人都會做一大鍋的雜燴菜來招待客人。

　　雜燴菜顧名思義，就是把各式各樣的菜放在一起，然後燉成一大鍋。這裡面放的食材有白菜、馬鈴薯粉、白豆腐、油炸豆腐、肉丸子等。配料則是蔥、薑、香菜等，還要輔以其他香料。這些東西放在鍋裡一起熬煮，直到菜熟為止。

　　在天氣寒冷的北方，吃這種雜燴菜簡直就是一種享受。在餐桌擺上這麼一鍋菜，一口菜下肚，從舌尖一直暖到五臟六腑，不僅能暖身，而且營養豐富。吃的時候，再配上

麵食，比如餅或者饅頭，喜歡吃米飯的可以配上一碗香噴噴的大米飯，既簡單又方便，還好吃，一鍋菜算下來也花不了幾個錢，真是大宴賓朋的必備良品。

說得筆者都快要流口水了，這種美味正是起源於宋代，而巧合的是，它也與那個萬人唾棄的奸臣秦檜有著千絲萬縷的關係。

民間傳說，有一個叫朱敦儒的人，當時已經官至兵部侍郎。這個人和當時大部分宋朝官員相比，還是有著血性的。看著山河一點一點被金人蠶食、踐踏，心裡無數次湧出悲哀，因此，他極力主張抗金救國。

但我們說秦檜連岳飛都能害死了，更何況這區區的一個兵部侍郎呢，於是，他的結局就可想而知了。不過他還算幸運，沒有被處死，只是被皇帝炒了魷魚，回到了他的河南老家。而這一年，他已經六十歲了。

也就是這一天，正值他六十歲的壽辰，京城卻傳來了一道噩耗——「精忠報國」的岳飛被秦檜以莫須有的罪名殺害於風波亭。這個消息傳開後瞬間舉國同悲，朱敦儒這個力主抗金的人，更是悲憤交加。這種時候，哪還有什麼心思慶祝生辰呢。

但是要幫他祝壽的人都已經來了，正坐在大廳裡等著開席吃飯，也不能讓人家餓著肚子就這麼回去啊。就算是有悲傷的事，這麼做也是不合情理，不合時宜的。

於是，他派人把家裡的廚子叫來，千叮嚀萬囑咐地說：「記住，我們今天為了紀念岳飛，都不准喝酒。那些菜已經準備好了，也不能浪費，不如就都放在一起燉一燉，然後給每個人盛上一碗，再配上蒸好的饃，讓眾人吃飽肚子

就好了。」廚子接到指示後，就到廚房去默默地準備了。

其實這個時候，外面來慶祝的人也已經收到了岳飛被害的消息，整個大廳都被悲傷的氣氛所籠罩，哪還有人有心思吃飯啊。所以即使燉好的菜被端上來擺在眾人面前，大家也覺得這些飯菜難以下嚥。

朱敦儒見此情景，就親自夾起了一個丸子，緩緩地說：「這碗燉菜中的丸子，我們就當它是秦檜的頭，油炸豆腐，就是秦檜的肉，馬鈴薯粉就是秦檜的腸子。既然大家恨不得把秦檜碎屍萬段，喝他的血，啖他的肉，那麼就讓我們化悲痛為力量，吃下這道『炸燴菜』吧。」

大家聽了這番話，都紛紛拿起筷子，並以風捲殘雲之勢把擺在自己面前的燉菜吃個精光，彷彿真的是在吃秦檜的肉一般。

大家都認為「炸燴菜」這個名字取得實在是太好了。從此之後，「炸燴菜」這個名字就流傳開來。後來，因為這道菜是用各式各樣的菜和肉混合在一起燉製而成，因此傳到後來，人們就叫它「雜燴菜」了。

但是，也有人對「雜燴菜」的起源提出了質疑。有人說其實這道菜並不是起源於河南，而是福建的福州。說當時在福州有一個很有名的廚師，在傳出岳飛被秦檜害死的時候，特意選擇了各種原料，烹製出了這道菜，取名為「雜燴」。而這裡的「雜」，是取「雜碎」「雜種」的意思，「燴」則是與秦檜的「檜」同音。

那麼真相到底是什麼呢？我們不妨對此做一番小小的考證。根據資料，我們可以見到如下所說：

朱敦儒（1081—1159），字希真，洛陽人。

歷兵部侍郎、臨安府通判、祕書郎、都官員外郎、兩浙東路提點刑獄，致仕，居嘉禾。早年以清高自許，兩次被舉薦為學官而不出任。

紹興二年（西元1132年），有人向朝廷推薦朱敦儒，言敦儒有經世之才。高宗於是下詔任他為右迪功郎，並命肇慶府督促他赴臨安任職。敦儒仍不肯受命，在眾親朋的勸說下，他方應詔前行。

到了臨安，賜進士出身，授予祕書省正字，後兼兵部侍郎，遷兩浙東路提點刑獄。後因發表主戰言論，與主戰派李光等人一道，受到右諫議大夫汪勃的彈劾，於1149年被免職。不久，上疏請求退居嘉禾，晚年在秦檜的籠絡下出任鴻臚少卿。

從上面的資料我們可以看到，他是在1149年才被免職的，而岳飛被害的那年是西元1142年，那一年他正在臨安任職，還兼兵部侍郎。同樣的一年，同樣的一個人怎麼可能既在臨安上任，又被免職回河南老家呢？所以此說並不算可信。而後來，他竟然還在秦檜的籠絡之下，再次出仕任鴻臚少卿，這一年是西元1155年，原因是秦檜的兒子秦熺喜好詩歌，而朱敦儒正是以詩詞見長，所以秦檜以請他兒子做刪定官的條件請他出山。

如果他真的有那麼恨秦檜的話，即使他多麼想讓自己的兒子進入官場，他也一定不會接受，但他卻沒有做到，正像他人對他的評價那樣：「談者謂敦儒老懷舐犢之愛，而畏避竄逐，故其節不忠。」據此推斷，依據民間傳說，朱敦儒發明了「雜燴菜」這一說不足為據，而且如果你再查一查歷史資料的話，也會發現，當時馬鈴薯這種東西還沒

有傳入中國，也就是說，當時的中國並沒有馬鈴薯粉，因此那個傳說則越發不可信了。

當然，是否是起源於福州，也並沒有什麼歷史依據。只不過大多數民間傳說，都被百姓賦予了自己的主觀色彩，因為對秦檜的恨，而衍生出與之相關的傳說也就不足為怪。

但是「雜燴菜」確實是河南菜中的一道代表菜，流傳至今已有千年，老百姓愛吃、愛做，甚至愛到拿它來請客，也可以說是流傳甚遠，影響廣泛。

眾所周知，宋金戰爭中，河南地區是當時的主要戰場，宋朝的都城也是在河南開封地區，當時的人們常年被戰亂所困擾，承受著戰爭給他們帶來的傷痛。岳飛的出現，讓人們對於南宋打敗金軍又有了希望，因此人們十分愛戴抗金名將岳飛。所以，後來岳飛被秦檜害死之後，百姓對秦檜恨到入骨的程度也是真實並可以理解的。因此，「雜燴」這道菜裡確實包含了對秦檜的恨，而在其流傳的時候，又有人在其中添加了不同的材料，就成了今天的「雜燴菜」。

與其說是某個人發明了這道菜，不如說其發明者就是普通的百姓，完完全全地來自於民間。而為了使這個故事聽起來真實可信，在後來流傳的時候則加上了有名有姓的人。

但不管怎麼樣，「雜燴菜」在如今仍是河南人最愛的菜肴，被很多人所接受。至於這其中所包含的恨與罵，也沒有影響現代人對這道菜的喜愛。

從上面說的這幾種吃食來看，民間的智慧真的是無窮的，而對賣國賊的恨也都是切實地包含在其中。生活在古代的人們有無盡的想像力，使得這些菜被一道一道地發明出來，讓生活在今天的人得其所益，有了這麼好的口福。

四、東坡肉就是香

與蘇東坡有關的食物

　　國以民為本，民以食為天。中國作為一個有著悠久歷史的泱泱大國，飲食文化源遠流長，而最能體現這一點的當數「菜系」。

　　菜系，是指在一定區域內，由於氣候、地理、歷史、物產及飲食風俗的不同，經過漫長歷史演變而形成的一整套自成體系的烹飪技藝和風味，並被全國各地所認可的地方菜肴。

　　菜系的雛形出現於春秋戰國時期，在那個兵荒馬亂、戰火紛飛的時代，中華民族的飲食文化就已經表現出了地域差異；到了唐宋時期，南方和北方更是形成了各自的菜系；清末，中國的「八大菜系」正式形成。

　　所謂的八大菜系分別是川、魯、徽、粵、蘇、閩、浙、湘。在這裡，我們主要說一下浙菜。之所以要把這個菜系單獨講一下，是因為我們要講的是一道名為東坡肉的浙菜代表名菜。

　　東坡肉是浙菜裡杭幫菜中的名菜，現在到杭州旅遊，不管在金碧輝煌的大飯店，還是「酒香不怕巷子深」的小食檔，總要嘗一嘗那色澤紅潤、肥而不膩、入口即化的東坡

肉，這幾乎已經成了杭州美食的一道亮麗風景線。

　　東坡肉的主料是豬肉，經過慢火、少水、多酒的燉製，就成了我們口中的美食。製作這道菜的訣竅就是要多放酒，最後出鍋後，再切成二寸見方的形狀，一半是肥肉，一半

是瘦肉。用筷子夾起來，放進嘴裡，咬上一口，會感覺到濃濃的酒香撲鼻，又香又糯，簡直就是人間美味。那麼，這麼好吃的美食，最開始是由誰，又是在什麼情況下發明出來的呢？我們就來說說吧。東坡肉，這裡面有「東坡」二字。怎麼樣，大家是不是覺得這兩個字聽起來耳熟、看起來眼熟呢？沒錯，這個「東坡」說的正是大家腦海裡浮現出來的那個寫「人有悲歡離合，月有陰晴圓缺，此事古難全」的蘇東坡，一位北宋時期赫赫有名的文學家、書畫家，同時也是歷史上最有名氣的一個「吃貨」。

△趙孟頫《蘇東坡小像》。
　以現代人的觀念看，蘇東坡就是古代的生活家，今天的很多美食都與他有關。

　　看到這裡，你可能會覺得很奇怪，一個舞文弄墨的文藝青年，怎麼就和「吃貨」搭上了邊呢？沒錯，蘇東坡的詩詞文章在中國文學史上留下了濃墨重彩的一筆，書法繪畫上也卓有成就，甚至在當官、行政等方面也都做得很好。

然而在宋代百姓的口耳相傳中,他最被人熟悉的既不是他的詩詞,也不是他的政績,而是他發明的各種美食。

△到了今天,東坡肉已經成為浙系杭幫菜的代表菜品。

這很好理解,身在一個視「食」為天的國度,詩詞歌賦只能作為茶餘飯後的消遣。雖然比之前代,宋代的教育普及程度已經達到了一個相當的高度,但更多的是那些斗大的字不認識一籮筐的普通百姓。在封建經濟社會發展到頂

峰時期的宋代，口袋裡有點閒錢兒的主，除了勾欄裡的聲色犬馬，就剩下滿足口腹之欲了。而我們的蘇東坡大人，恰好為他們提供了這個機會。

在這個史上最強的「吃貨」手裡，握有各種美食佳餚的「智慧財產權」，不只東坡肉出名，還有東坡肘子、東坡豆腐、東坡魚等等，凡是冠名以「東坡」的美食都是出自他手，當然，也不排除山寨貨，但孰真孰假，讓歷史學家們自己去找答案吧。我們只需要知道，這些菜到了現在已經成為賓客宴請中的大菜就行了。

對於一個合格的「吃貨」來說，品嘗這些美味乃人生一大快事，但其實蘇東坡當年卻是迫於無奈才發明出這些菜的。

對蘇東坡的人生經歷稍有瞭解的人都知道，他一生仕途不順，今天被貶到這地方當官，明天又被左遷到另一個地方上任。特別是後半輩子，簡直就是一部血淚史，甚至還因文入獄，在御史台的監獄蹲了一段時間。

這也是沒辦法的事情，當官的誰還沒有幾個政敵呢。蘇東坡的政敵也不是一般人，那可是被列寧稱為「中國十一世紀改革家」的王安石。那時蘇東坡跟砸缸的司馬光一同反對王安石變法，因此得罪了這個「隔壁家的老王」。

作為丞相，老王的羽翼絕對稱得上豐滿，隨便找點蘇東坡的碴弄死他是很簡單的。他們把蘇東坡寫的詩詞全翻了出來，再跟皇帝的治國之策加以對比，牽強附會，最終給他安了個利用文字影射皇帝、對皇帝的行政綱領加以攻擊的罪名，把他扔到監獄裡頭去了。

這罪名放在任何一個朝代都不是小事，尤其是在皇帝一人獨大的封建社會。在獄中的蘇東坡覺得自己絕對是小命

不保了，於是在最後的絕筆書中對皇帝大大地讚美了一番。

　　大家可不要笑他，也不要說他怕死抑或晚節不保之類的，俗話說，好死不如賴活著，被人冤枉致死，任誰也要想辦法求生，換了誰都會這麼做。

　　也許是王安石良心發現，也許是覺得就這樣把蘇東坡弄死太不爺兒們，於是老王也給當時的皇帝宋神宗上奏了一本，說道：「豈有聖世而殺才士者乎？」就這樣，神宗沒有處死蘇東坡，並下令對其從輕發落，貶為黃州團練副使。

　　這個團練副使聽起來好像不錯，畢竟大小也是個官，其實不然。所謂團練使，是唐肅宗時設置的地方軍事長官，相當於地方軍區的司令員。但副使可不是副司令員，它是宋代散官官階之一，是一種級別的象徵，沒有任何實權，就是去養老了。

　　其實這也不錯了。一個被貶的、有案底的官員，還想著撈點實權？那是白日做夢。一個黃州團練副使就已經是皇恩浩蕩了，就別挑肥揀瘦。一來，不能在京城住了，得到黃州去上任；二來呢，也不能眼看著你餓死，還得給你點生活費，按團練副使的標準拿。看起來這黃州的日子也還不錯，當著個什麼都不用管的官，吃著皇糧，還不用操心，何樂而不為？

　　但要知道的是，這被貶的官員無論到了哪裡都矮人一頭低人一等，雖然帳面上寫的待遇不錯，但實際上還不如官府裡的雜役。月月按時發工資，只是理論中的，實際上卻是等想起來的時候才發給你，沒想起時，那你就自己想辦法吧。拖欠被貶官員的俸祿，在當時是家常便飯。

　　沒錢，家常便飯都吃不起。蘇先生雖然才華橫溢，但也

不能靠餐風飲露活著，肚子都填不飽，那些詩詞歌賦也只能自己找地方涼快去了。

文藝可以暫時放一邊，但總得活下去吧。為了填飽肚子，蘇先生帶著家人在城東自己開墾了一塊地，過著自給自足的生活。其實最開始，蘇東坡還不叫東坡，就是因為他自己開墾了這塊地之後，才得了個東坡的雅號——東坡者，躬耕之地也。

糧食和蔬菜的問題解決了，酒也可以用糧食來釀造，但肉卻不會自己從地裡長出來。在宋代，擺得上檯面的肉是羊肉，那是有錢人家裡的肴食，而豬肉什麼的，那是掙不了多少錢的低收入者才吃的。

蘇東坡當年在朝為官時，不知吃了多少隻羊，但現在每個月那點可憐巴巴的俸祿，能維持溫飽就不錯了，想吃羊肉，就跟癩蛤蟆想吃天鵝肉是同個道理。蘇先生雖然喜歡研究一下佛法，但並沒有出家的想法，因此，他就只能湊合著吃豬肉了。

關於豬肉，在黃州的時候，蘇東坡還寫了一首叫作《豬肉頌》的打油詩：「淨洗鍋，少著水，柴頭罨煙焰不起。待他自熟莫催他，火候足時他自美。黃州好豬肉，價賤如泥土。貴人不肯吃，貧人不解煮，早晨起來打兩碗，飽得自家君莫管。」

蘇東坡苦中作樂的精神躍然紙上。要是翻譯成白話文，我們理解得就能更加透徹了：

把鍋子刷乾淨，少放點水，放上柴火點燃，但要注意火不要太旺，必須是用不冒火苗的虛火來煨燉。要等著它自己慢慢地燉熟，不要著急用大火催熟它，只要火候到了，

它自然會滋味極美。黃州有這樣好的豬肉，價錢卻賤得像泥土一樣；富貴人家不肯吃，貧困人家又不會煮。我早上起來打上兩碗，自己吃飽了你莫要理會。

由此可見，蘇東坡在黃州的時候就已經研究出豬肉的烹調方法了。從這首打油詩的內容來看，應該就是著名的東坡肉作法。

但是，蘇東坡是在黃州創出這道名菜的，在那個資訊傳播不發達的時代，理應局限於黃州、最多是在黃州周邊流行開來，為什麼卻成為了浙菜的代表呢？

前面已經說過，蘇東坡為官生涯極為坎坷，往往在一個地方屁股還沒坐熱，就被調到另一個地方去了。

元祐四年（西元1089年），蘇東坡任龍圖閣學士，知杭州。由於西湖長期沒有疏浚，淤塞過半，「葑合平湖久蕪漫，人經豐歲尚凋疏」，湖水逐漸乾涸，湖中長滿野草，嚴重影響了農業生產。蘇東坡來杭州的第二年便率眾疏浚西湖，動用民夫20餘萬，恢復舊觀，並在湖水最深處建三塔（今三潭印月）作為標誌。他把挖出的淤泥集中起來，築成一條縱貫西湖的長堤，堤有六橋相接，以便行人，後人名之曰「蘇堤」。

蘇堤完工後，很多當地百姓拿來了豬肉、蔬菜等各種食材給他，以示對他的感謝。他把從百姓那得來的豬肉按照上面所述的方法做成了美味佳餚，並且分給當地的百姓，百姓吃了以後都讚不絕口。後來，為了紀念蘇東坡，民間就把這種方法做成的佳餚稱為「東坡肉」。

不只在杭州和黃州，在江西的永修也有關於「東坡肉」的傳說，因為蘇東坡也曾經到過那裡。把美食帶到任何一

個留下腳印的地方，才是一個合格的「吃貨」。當然，在不同的地方都有不同的小故事，但在菜式的作法上卻是大同小異。關於東坡肉的來歷，全都來自於民間傳說，正史不可能把這點小事都記上。

黑格爾曾言，存在即合理。民間傳說也不是空穴來風，歷史上的蘇東坡還真的跟豬肉有那麼一些緣分。

在《說郛》中有這樣一則故事：

蘇東坡特別喜歡吃燒製的豬肉，而他的好朋友佛印和尚每天都會燒上一隻小豬等蘇東坡來吃。有一天，燒好的豬肉不知道被什麼人偷吃了，沒吃到燒豬肉的蘇東坡雖然有點遺憾，卻還是詼諧地寫了一首詩，詩云：「遠公沽酒飲陶潛，佛印燒豬待子瞻。採得百花成蜜後，不知辛苦為誰甜。」這也足可見得蘇東坡對豬肉的格外喜歡。

而且，除了黃州，蘇東坡還被貶去過很多地方，可以說中國的名山大川差不多都被他溜達過了。在海南的時候，蘇軾還寫詩抱怨在海南吃肉的機會變少了：「五日一見花豬肉，十日一遇黃雞粥。」而他在京城的時候，則是「日日炙花壓紅玉，從來此腹負將軍」。這也說明了蘇東坡對豬肉有著一種近乎偏執的喜愛。

五、肉菜得平衡才行

東坡羹的由來

　　當然，也不要以為「吃貨」蘇東坡只會做肉菜，是個「肉食動物」，其實人家對於素菜也是頗有研究的，比如他寫的《菜羹賦》和《東坡羹頌》，講的就都是素菜。

　　所謂「東坡羹」不用解釋，就是東坡大人調製的菜羹。在《東坡羹頌》裡，記載著其作法和特點。「東坡羹，蓋東坡居士所煮菜羹也，不用魚肉五味，有自然之甘。其法以菘若蔓菁、若蘆菔、若薺，皆揉洗數過，去辛苦汁。先以生油少許塗釜緣及瓷碗，下菜湯中。入生米為糝及少生薑，以油碗覆之，不得觸，觸則生油氣，至熟不除。」

　　這裡介紹了其作法，其實就是把白菜、蘿蔔、薺菜等各種蔬菜熬煮成湯，然後在煮湯的鍋裡蒸飯，飯熟了，下面的湯也就好了。用這樣的菜湯泡著熟爛的米飯，真可謂是人生一大樂事。即使窮得已經吃不起肉了，但能吃上這樣的湯羹，「先生心平而氣和，故雖老而體胖」。

　　關於蘇東坡做素菜的方法，還可以看他自己寫的《菜羹賦》，這也是他在黃州時所著。全文如下：

　　東坡先生卜居南山之下，服食器用，稱家之有無。水陸之味，貧不能致。煮蔓菁、蘆菔、苦薺而為食之。其法不

用醯醬,而有自然之味。蓋易具而可常享。乃為之賦,辭曰:嗟餘生之褊迫,如脫兔其何因。殷詩腸之轉雷,聊御餓而食陳。無芻豢以適口,荷鄰蔬之見分。汲幽泉以揉濯,搏露葉與瓊根。爨以膏油,泫融液而流津,湯蒙蒙如松風,投糝豆而諧勻。覆陶甌之穹崇,謝攪角之煩勤。屏醯醬之厚味,卻椒桂之芳辛。水初耗而釜泣,火增壯而力均。嘈雜而糜潰,信淨美而基分。登盤盂而薦之,具匕箸而晨飧。助生肥於玉池,與吾鼎其課題仍。鄙易牙之效技,超傳說而策勳。沮彭屍之爽惑,調灶鬼之嫌嗔。

嗟丘嫂其自隘,陋樂羊而匪人。先生心平而氣和,故雖老而體胖。計餘食之幾何,固無患於長貧。忘口腹之為累,以不殺而成仁。竊比予於誰嘆?葛天氏之遺民。

為了能夠更好地體會這菜羹的美妙,我們不妨將這段之乎者也的文言文翻譯成我們能夠理解的文字,來感受一下蘇東坡這個名副其實的「吃貨」當時的心情是怎麼樣的,也能讓我們知道這菜羹到底是怎麼做出來的,又是在什麼樣的情況下做出來的。

這篇文章大致上是說:

東坡先生選擇了南山腳下為他的住處。吃的、穿的、用的都與自己當時所處的環境相宜。那個時候,因為家裡實在是沒有錢,想吃山珍海味是不可能的,就只好自己種點青菜,然後煮來吃。比如蔓菁、薺菜這些蔬菜(這裡的蔓菁是類似蘿蔔的一種蔬菜,但莖要比蘿蔔大很多,可以做醃菜)。煮的方法是不用醋和醬油,而只是利用其自然的美味。這些菜日常很容易弄到,因此可以經常食用。

△身為一名出色的美食家，即便只是普通菜肴，蘇東坡也能
　使其精緻而可口。

　　為了紀念和感慨我這窘迫的生活，我特別寫了這段賦，
想想我這過得食不果腹的日子，像逃得慌不擇路的兔子一
樣，這到底怎麼回事啊。我都已經餓到不行了，也沒有肉
可以吃，只能吃一些陳年的糧食來抵禦這種饑餓感，幸好
周圍還有蔬菜能加以利用。汲山泉以洗濯，取蔬菜葉與根。
點火上灶放入膏油。鍋內熱氣騰騰香津沸騰，加入豆米攪
均，蓋上蓋。之後不要開蓋攪動，不要放醋和醬油，也不
要胡椒、桂皮之類的調料。用武火把鍋燒開後，燒沸一會
兒就用均勻的文火煨。菜蔬隨開水而翻滾，就煮成了濃湯。
實在是清純甘美，盛入盤碗，準備好勺子、筷子，消磨暮

靄和晨光。溪畔旁取的這些野菜，能與諸侯當年的珍饈比美！

　　在文裡提到的伊尹、傅說，都是古時善烹飪的大臣。而彭屍中的「彭」是指「三屍蟲」的姓，道家認為人體腹內有「三屍蟲」，專門窺伺人的過失。

　　《菜羹賦》說：「輕鄙易牙向齊桓公獻的技藝，技藝超過了伊尹、傅說，實在是建立了功勳，專窺伺人過失的屍，你做不了非分之想了。喜怒無常的灶君，你是否和我共盡一觴？可歎漢高祖那位長嫂（《漢書》中記載高祖未成氣候時，常帶客人到他長嫂家吃飯，致使長嫂討厭他），怎麼這樣心胸狹窄？更加可悲的是自食其子的樂羊（《戰國策》中記載戰國時魏國將領樂羊攻打中山國時，他的兒子在中山國。中山君把他兒子殺了，做成肉羹敬獻給樂羊，樂羊竟吃了一碗。後樂羊攻下了中山國，魏文侯因此賞其功而疑其心。樂羊連自己兒子都能吃，還有什麼不能吃呢？）。先生我心平而氣和，雖已年邁身體還健壯。算一算還剩多少飯食，就可以不怕長久的家境貧困。忘卻口腹之累吧，古人殺身以成仁，我今日不殺身也應成仁。這種心境，誰能予以比擬？」

　　從上面的賦中也可以見得東坡大人的心態一直都是很好的，即使過著窮困潦倒的生活，也能夠苦中作樂，不急不躁。也正是這種心態，才使得蘇東坡能夠在惡劣環境中製作出這麼多美味可口的吃食。

　　而這「東坡羹」也算是其中的代表作了，看他在賦中對作法的描述，可以想像，其實和現在我們常吃的蓋飯差不多，只是米飯和菜羹都是一鍋出來的，做到了菜裡有米香，米裡有菜味，恐怕在口味上，東坡先生的「蓋飯」更勝一

籌呢。

　　除了上面提到的那些，在黃州當地還有東坡餅、東坡豆腐什麼的，至於這些是否真的出自於蘇東坡之手還是有人假託他的名號就不得而知了。

　　而蘇東坡是個「吃貨」這件事是屬實的，這一篇章裡只是講了他所發明的兩道菜，他和食物的關係遠不止如此，如果想知道，就請繼續閱讀下去。

六、成功之作

蘇東坡釀蜜酒

之前我們講到了和蘇東坡有關的肉食和蔬菜，但大家要知道，蘇東坡不是只會做菜和只會對豬肉進行處理的「吃貨」，要說在吃食這方面，蘇大人可以說是古代文人中的「廚神」。

雖然老祖宗一直強調「君子遠庖廚」，但很多古代的文人雅士卻喜歡挽起袖子在灶臺前面大顯身手。蘇東坡在這方面更可以說是一朵「奇葩」，不只是因為他會做，更因為他的很多拿手好菜都能夠流傳後世，比如東坡肉、東坡肘子、東坡魚等等，並且，到了現代也是上得了檯面的大菜。

不過，我們應該知道，咱們蘇老先生可真就不只會做菜，人家還會釀酒，那我們何不來看一看蘇老先生釀的酒，口味到底怎麼樣呢？

一提到酒與文人的關係，大家都不會陌生，不管是寫《飲中八仙歌》的杜甫，還是「酒中仙」的李白，都是文人中的好飲者。當然，你可能認為那是在思想奔放的唐朝，在那個大碗喝酒、隨口作詩的年代，文人能喝是當然的，但是到了其他朝代，文人肯定不會再喝得像個酒鬼一樣了。要知道，這種想法本身就是錯的。也許其他朝代的那些文

人不像唐朝那些文人那麼能喝，但也有很多都是好酒之人，而蘇東坡更是不例外。

蘇老先生雖然好喝酒，但也確實酒量不大，他自己都說：「予飲酒終日，不過五合。」從他自己的話中，我們也能知道他的飲酒習慣，是好飲，但不能飲，就是喜歡享受那種拿著酒杯把玩的樂趣。

其實，蘇老先生在喝酒方面還有兩個很奇特的習慣，第一個是他喜歡看別人喝酒。正是「見客舉杯徐飲，則予胸中為之浩浩焉，落落焉，醺適之味，乃過於客，閒居未嘗一日無客，客至，未嘗不置酒，天下之好飲，亦無在予上者」。第二，他喜歡自己釀酒，在定州當知州的時候，他釀出了「中山松醪」；到惠州的時候，釀出了「真一酒」和「桂酒」；而在黃州的七年裡，他則釀出了「茅柴酒」和「蜜酒」。而他釀的每一種「東坡酒」，都有一段傳奇佳話伴隨著酒流傳。

之前我們講到蘇東坡的時候說他在黃州過了段艱苦的生活，但是他並不覺得日子苦，而且很善於苦中求樂，不只自己種菜種糧，還自己釀酒喝。

元豐四年十月的前後，蘇東坡種的稻子豐收了，遠遠望去，黃澄澄一片。蘇東坡很高興，至少來年的糧食有了著落，何況這還是他平生第一次自己種糧食吃，能有這麼好的收成真的讓他很開心。

但是糧食收完後，蘇東坡還是犯了愁。他在心裡盤算了一下，自己種的這些糧食，只夠家裡這二十幾口人吃飯的，雖然自己還喜歡喝點酒，但看來想用糧食釀酒，是有點不夠了。這樣算下來，還是得省著點才行。

△蘇東坡曾說自己好飲，但酒量很小，飲酒於他更多是享受。

那個時候，他每月的俸祿是四千五百錢。為了讓這四千五百錢能夠花到月底，他把這些錢平均分成三十份，吊在家裡的房梁上，每天取下來一份用，這樣至少能夠花三十天。如果花不完，剩下的零錢他就會放到一個竹筒裡，日積月累，也有點閒錢，可以在有人來訪的時候買點酒菜招待客人了。

蘇東坡的老婆看他日子過得實在拘謹，明明很喜歡酒，卻捨不得拿錢去買，有的時候也偷偷從竹筒裡拿點錢去給他買點酒回來。當時的黃州太守徐君猷很欣賞蘇東坡，知道他日子過得不好，自己心裡也很難受，打從心眼裡可憐他。

有一天太守來看望蘇東坡，所謂來者是客，客人來了怎麼也得招待一下啊。兩個文人在一起，當然得喝點了，但

是蘇東坡很煩惱，家裡也沒有好酒，怎麼給人家太守喝啊。想來想去，也只好請太守喝官家酒坊釀的酒。

太守剛喝第一口，臉色就變了，但還是笑著問蘇東坡說：「老兄，我們喝的這是什麼酒啊？」蘇東坡也是很不好意思，悻悻地說：「是我從官家酒坊買來的，他們釀造的白酒。」

太守歎了口氣說：「這酒的口感十分苦澀，簡直到了難以下嚥的程度。」

蘇東坡也應聲長歎說：「我雖然喜歡喝酒，一天沒喝就覺得難受，但是我每次喝的不多，只要能喝上一小盅就已經很滿足了。更何況這種酒都很難買到，我能喝上就不挑剔了，哪還管它苦澀不苦澀呢。」

太守不明白這話是什麼意思，於是追問道：「為什麼這麼說呢？」

蘇東坡繼續說：「私家酒坊釀造的酒又香又醇，但是在這黃州的坊間想買到並不是件容易的事，因為官府對於私人釀酒管得特別嚴。而我想自己釀酒，但又沒有好的釀酒祕方。所以被貶到這之後，基本上就沒有再喝過好酒了。而且為了不讓我那些親朋好友被問罪，更不會去找他們要酒喝了，所以，能喝到這種酒，我已經很滿足了。」

徐太守聽過後，長歎了一聲說：「原來是這樣啊，真是苦了東坡先生你了。」太守大人不僅僅只是嘴裡這麼說，心裡確實也對蘇東坡的遭遇感到同情，但再怎麼說太守的身分就是不同的，怎麼可能切身體會到那種在哪都得不到好酒的痛苦呢。但是徐太守可以說還是一個好人，從東坡先生那裡回家後，他就要人給東坡送來一罈好酒。

　　蘇東坡拿到了酒之後，也根本捨不得喝，除非是鄉親父老到他家裡做客的時候，他才會把那罈酒拿出來招待客人，可以說大半罈酒都被別人喝掉的，而他自己還是沒有品嘗到好酒。

　　終於，蘇東坡不再為喝酒苦惱，因為他從道士楊世昌那裡得到了老家釀酒的方子和酒麴。這下子，蘇東坡可真是高興，終於又可以喝到家鄉那又香又醇的好酒了。而且有了這些東西，釀酒可以不用稻穀，直接用蜜糖就可以了。蘇東坡按照得到的蜜酒配方，試釀了幾回，味道竟然還不錯。

　　獨樂樂，不如眾樂樂，他把自己釀好的酒送給左鄰右舍嘗鮮，大家也都對此讚不絕口，甚至誇讚這種酒是世間少見。

　　「吃水不忘挖井人」，既然有了這麼好的東西，自然也要送去給對自己照顧有加的徐太守那邊，於是就派人送了一大罈子給徐太守。徐太守喝了還想繼續喝，真是太喜歡了，邊喝還邊誇獎說，這酒在全國基本上都很難找得到。

　　後來，黃州人從蘇東坡那裡學來了釀造這種蜜酒的方法，大家都開始自己釀酒喝，而不再去光顧官家酒坊，那種又苦又澀的酒再也沒有銷路了。正因為這種酒出自蘇東坡的手，後來人們為了紀念他，就把這種酒稱為「東坡蜜酒」。

七、香粥可養生

蘇東坡和粥

　　如果說喝酒是蘇東坡的愛好的話，那麼喝粥就是蘇東坡的養生方法。蘇東坡真的是個大「吃貨」，不管落到什麼樣的境地，過著什麼樣的生活，對於吃的愛好都一直如影隨形。

　　他會吃會做也就算了，他甚至還知道要到哪裡去蹭吃食。就拿粥來說，據說他在佛寺借宿的時候早上經常到寺裡去蹭粥喝。

　　在他的詩《二十七日自陽平至斜谷宿於南山中蟠龍寺》中，他這樣寫道：「愧無酒食待遊人，旋斫杉松煮溪蔌。」這就是在抱怨說，這寺裡頭吃的沒有，喝的也沒有，到底是怎麼回事？但接下來就轉折了一下，表示「板閣獨眠驚旅枕，木魚曉動隨僧粥」。可見早上起床，能夠喝上一碗熱粥也是人生的一件樂事啊。

　　說到和蘇東坡有關的粥，我們不得不提一種叫古邳粥的粥。在睢寧縣古邳鎮，有一種歷史悠久、人人愛喝、家家會做的粥叫古邳粥。而這種粥，也是蘇東坡最鍾愛的。

　　當年，蘇東坡任徐州知州。知州是個什麼官在這裡就不說了，大家可以看成是一州之長。因此，蘇東坡過的日子

也不像他被貶到黃州時那麼不堪，還能高興的時候就喝酒。有天，很多人聚在一起喝酒，可能因為太高興了，一不小心蘇東坡就喝多了一點，醉得不省人事。當地的一位叫作艾賢的農夫端了一碗自家做的熱粥給他。一碗熱粥下肚，剛才因為喝酒導致的不舒服一掃而光，他感到胃裡暖暖的，舒服極了。

到底這種粥是怎麼做的呢？我們可以從網路上搜尋一下它的作法。

東坡粥盛在碗裡，看上去很稠厚，但入口卻爽滑、稀軟似湯水，豆香與米香交融，風味別具一格。它的作法是首先將上好的黃豆和粳米恰到好處地浸泡，因為時間過短或過長都會影響粥的風味。

泡好的黃豆用石磨磨成豆漿原汁，粳米磨成米糊。豆漿原汁、米糊磨好後，並不急於下鍋，要在鍋中置少量水燒開，徐徐加入豆漿原汁，燒開後添加米糊熬製，達到一定的濃稠程度後倒入陶缸保溫。盛放粥的陶缸很有特色，它是一口無底的缸加上一口鐵鍋焊接組成，底下有灶，可加柴保溫，粥倒入陶缸可避免粥在鍋裡長時間熬煮有糊鍋味和鐵銹味。

看過作法，有沒有流口水呢？連粥都做得如此講究，可見喜歡吃這種粥的蘇東坡大人有多麼好吃了。除了這種粥外，他還喜歡一種粥叫作「豆粥」。蘇大人果然是戰鬥力十足的「吃貨」啊，如果他不寫詩作詞，而是寫一本食譜的話，估計也能流芳後世吧，古代真正流傳下來的食譜並不是很多。這位大人憑藉自己的愛好，說不定會成為一代廚神呢。

好了，閒話少說，我們還是來看看「豆粥」吧。

　　蘇東坡一生寫過很多和吃有關的詩詞，但很少有用食物名字命名的詩詞。而這個「豆粥」就是其中的一個。要說這粥的味道一定與眾不同，美味可口，不然蘇東坡也不會特意去寫一篇《豆粥詩》來表揚這個東西。

　　《豆粥詩》云：「身心顛倒不自知，更識人間有真味。豈如江頭千頃雪色蘆，茅簷出沒晨煙孤。地碓舂秔光似玉，沙瓶煮豆軟如酥。我老此身無著處，賣書來問東家住。臥聽雞鳴粥熟時，蓬頭曳履君家去。」

　　蘇東坡喜歡吃豆粥喜歡了一輩子。當年在他最落魄的時候，也就是在黃州之時，生活過得如何貧困，在前文我們也講過了。而那個時候，得以讓他們一家維持生活的，就是將大米和小豆煮成粥，一家人食用。他的妻子甚至還能夠苦中作樂地給這粥取名叫「二紅飯」。

　　粥是最養胃的東西，煮粥的過程中，因為火候和時間的原因，使得米全部爛熟，這種粥是最容易消化的。白米熬煮時溫度超過60度就會產生糊化作用，熬煮軟熟的粥入口即化。粥上浮著的那層細膩、黏稠、如同膏油的物質，叫「米油」，俗稱粥油，具有很強的滋補作用，可與參湯媲美。粥中含有大量水分，平日多喝粥，還能為身體補充水分，有效防止便祕。

　　特別是豆粥，更是有去病強身的功效。

　　在《東觀漢記》中就已經有記載說，秦漢時期人們就已經開始以豆粥為主食。漢代，人們用淘米水和小豆煮粥，名為「甘豆羹」，成為當時養生延年之佳品。而到了宋朝，這種飲食傳統也被繼承了下來。

　　製作豆粥的材料之中，黃豆是必須品。《本草綱目》記載：「服食大豆令人長肌膚，益顏色，填骨髓，加氣力，補虛能食。」大豆中所含大豆卵磷脂，能防腦細胞衰老，增強記憶力，是健腦佳品。纖維素還可吸附糖分、抑制血糖素的分泌，使胰島素充分發揮作用，防治老年糖尿病。

　　紅豆所含的營養物質超過小麥、小米、玉米等。多喝紅豆粥可清熱解毒、健脾益胃、利尿消腫。

　　黑豆粥滋陰補腎，對腎虛腰痛、視物昏花、頭暈目眩有效。

　　綠豆粥清熱解毒、利水消腫、健脾止瀉。

　　蠶豆粥益脾養胃、益智補腦。

　　由此可見，豆粥不僅好吃，還有養生的功效。看來咱們的大文學家蘇東坡一生不只作詞無數，賦詩無數，更是嘗遍人間美食無數啊。只要我們跟著蘇大人的步伐，一定可以吃好喝好，吃遍天下美味的。

　　看過這些與蘇東坡有關的吃食之後，恐怕你對蘇東坡會另有一番看法了。

吃吧吃吧不是罪

八、酒香不怕巷子深

宋朝的燒酒

不管是醇香撲鼻的法國葡萄酒，還是產自瑞典的烈性伏特加；無論是粗獷的龍舌蘭，還是甘甜的白蘭地，在中國人的舌尖上，還是自己的白酒喝著最舒服。

白酒在世界八大蒸餾酒（白蘭地Brandy、威士忌Whisky、伏特加Vodka、金酒Gin、朗姆酒Rum、龍舌蘭酒Tequila、清酒Sake、白酒Spirit）中，有著獨一無二的地位。可以說它的出現，為當時的釀酒工藝帶來了革命性的衝擊。

茅台酒、五糧液、洋河大麴、瀘州老窖、汾酒、郎酒、古井貢酒、西鳳酒、貴州董酒、劍南春，中國十大名酒享譽世界，更不用提普通百姓餐桌上最常見的二鍋頭了。但大家知道中國古代的白酒是從什麼時候開始出現在餐桌上的嗎？

根據文獻記載，阿拉伯人於8—9世紀時發明了蒸餾酒技術。和朝鮮半島的燒酒一樣，中國的蒸餾白酒可能是元朝時期從被蒙古人征服的波斯地區傳入並普及開的。

但是，近年來很多專家學者透過不斷研究也發現，早在中國的宋代，人們就已經會燒製白酒，甚至已經有了用蒸餾法製作的葡萄燒。

　　這個其實不用專家去研究論證，在古典文學中早有例證。不信？請看下面這段：

　　武松在路上行了幾日，來到陽谷縣地面。此去離縣治還遠。當日晌午時分，走得肚中饑渴，望見前面有一個酒店，挑著一面招旗在門前，上頭寫著五個字道：「三碗不過岡」。

　　武松入到裡面坐下，把哨棒倚了，叫道：「主人家，快把酒來吃。」只見店主人把三只碗，一雙箸，一碟熱菜，放在武松面前，滿滿篩一碗酒來。

　　武松拿起碗，一飲而盡，叫道：「這酒好生有氣力！主人家，有飽肚的買些吃酒。」酒家道：「只有熟牛肉。」武松道：「好的，切二三斤來吃酒。」店家去裡面切出二斤熟牛肉，做一大盤子，將來放在武松面前，隨即再篩一碗酒。武松吃了道：「好酒！」又篩下一碗。恰好吃了三碗酒，再也不來篩。

　　武松敲著桌子叫道：「主人家，怎的不來篩酒？」酒家道：「客官要肉便添來。」武松道：「我也要酒，也再切些肉來。」酒家道：「肉便切來添與客官吃，酒卻不添了。」武松道：「卻又作怪！」便問主人家道：「你如何不肯賣酒與我吃？」酒家道：「客官，你須見我門前招旗上面明明寫道：『三碗不過岡』。」武松道：「怎地喚作『三碗不過岡』？」

　　酒家道：「俺家的酒，雖是村酒，卻比老酒的滋味。但凡客人來我店中，吃了三碗的，便醉了，過不得前面的山岡去，因此喚作『三碗不過岡』。若是過往客人到此，只吃三碗，更不再問。」

　　武松笑道：「原來恁地。我卻吃了三碗，如何不醉？」

吃吧吃吧不是罪

酒家道：「我這酒叫作『透瓶香』，又喚作『出門倒』。初入口時，醇濃好吃，少刻時便倒。」武松道：「休要胡說！沒地不還你錢，再篩三碗來我吃！」……前後共吃了十五碗，綽了哨棒，立起身來道：「我卻又不曾醉！」

　　沒錯，《水滸傳》裡的經典篇章。有人說這個「三碗不過岡」中的酒其實是黃酒，所以武二郎才能一口氣喝下去十五碗。

　　眾所周知，黃酒屬於釀造酒，跟葡萄酒和啤酒並列為世界三大釀造酒。其特點是酒精度數低，黃酒的酒精度數跟啤酒差不多。從酒家的話裡我們就能看出來，常人最多只能喝三碗，而且喝完就暈。試想，現代人喝三碗啤酒能算什麼？親朋好友聚在一起吃喝，酒量稍微好點的都能來個一手，多去幾次廁所而已。

　　比起現代人來，古人的體質要更加出色，喝了三碗黃酒就開始打醉拳，實在無法想像。因此，所謂的「三碗不過岡」，事實上喝的是白酒。

　　當然，這個白酒不可能是56度的二鍋頭，要不武松非酒精中毒不可。從喝酒的數量和後勁來看，應該是36度左右的低度白酒。再加上武松喝的時間長，從「晌午」到「未末申初」（下午3點左右），三個多小時的時間，對於能打虎的武二郎來說，十五碗也不算勉強，更可況他確實喝大了。

　　《水滸傳》寫的是北宋年間的事，因此從中來看，最遲到了宋代，白酒便已經是人民餐桌上的飲品。

　　在宋代，白酒被稱為「燒酒」。前文曾經提到過，「吃貨」蘇東坡自己釀酒自己喝，並且還頗有想法地編寫了一部《東坡酒經》。

△清刻本《水滸傳》第二十二回《景陽岡武松打虎》插圖。

　　蘇東坡曾經說，他喝過一種酒，對於這種酒的感覺，他是這樣描寫的：「這種酒是白色的，辣得不得了。特別是酒到了肚子裡之後，感覺整個內臟都快要被它燒化了。」而且這之後，他便以酒是否夠辣來作為評判酒好壞的標準，並留下了「茶苦患不美，酒美患不辣」的絕句，絕對是經得起「酒精考驗」的好飲者。

所以說，宋代的白酒在當時已經是非常出名的了。超越了之前歷朝歷代所釀製的酒。寫出了《夢溪筆談》的沈括也在自己的書中提到漢代人「飲酒一石不亂」，在漢代一石大概相當於現在的40斤，能喝40斤酒還不醉，這還是人嗎？漢代人在體質上雖說是中國歷史上最強壯的，但在酒桌上也這麼兇猛，實在令人難以置信。

　　事實上，漢代的酒只能說是一種類似於酒的東西。根據史料記載，漢代二斛粗糧能釀六斛六斗酒，而根據現在的釀酒方法，一斛只能釀造一斛五斗酒。這樣對比著看下來，漢人釀的酒，最多類似於如今的水果啤酒，有那麼一點酒味罷了。從這也能看出來，宋代所釀的酒，比起漢代來，不知要好了多少。

　　在南宋時期，有一本《石門酒器王銘》，這本書出自黃幹之手。這個黃幹曾經任監台州酒務，也是一位「酒精沙場」的老將。在這本書中，他記述了宋代五種釀酒用的器具，而燒器就是其中之一，包括「厚耳、廣腹」，在我們今天看來，指的應該就是用來燒酒的燒鍋。

　　在宋人的詩裡也會看到類似的詩句，如「小鐘連罰十玻璃，醉倒南軒爛似泥」「所取何嘗議升鬥，一杯未盡朱顏酡」「一生須幾兩，萬事付三杯」等類似的感歎。從這些詩句裡，我們也能發現，為什麼宋朝人只喝一小杯就會臉紅，而多喝幾杯就會醉得不省人事呢？至少我們看他們在喝黃酒的時候都能幾斗幾升地喝。因此，我們也真的可以認為，在宋代，人們就已經能釀出高度的白酒了，並且其對白酒的追求，已和今天的我們並無二致。

九、什麼酒最受歡迎？

宋朝的羊羔酒

中國人好酒，早已不是什麼忌諱之言。上古有杜康造酒之傳說，中古有劉伶醉酒之美譽，近代就不用多說了，都知道。宋代人和唐代人一樣，都是好酒之人。李白有「酒中仙」之名，歐陽修有「醉翁」之號，完全可以來個隔空對話。

宋代也算是中國歷史上「人才」輩出的時代之一，對新鮮事物的追求程度和開放的唐人比起來可以說是有過之而無不及。特別是在對酒的追求上，時尚的宋人比今天忙忙碌碌謀生的人可能還要略勝一籌；在新品酒的研製方面，宋人可以說是有著突出的貢獻。他們喜歡喝的酒種類繁多，黃酒、白酒、果酒、藥酒等等，假以時日，啤酒說不定也會在宋代被釀製出來。可以說，只有你想不到，沒有人家喝不到。

其實在古代，人們最常喝的酒還是黃酒，雖說在宋代已經能夠釀製燒酒，也就是白酒了，但宋人最喜歡的還是黃酒。當時的黃酒跟我們今天的黃酒並沒有太大的差別，就是以大米、黃米等穀物作為原料，釀造成酒。

果酒在當時也是風靡一時，就是把水果加入糧食中釀造

而成。而除了這些正常的酒之外，他們還會把肉也當成釀酒的原材料，釀成更具獨特風味的酒，比如「羊羔酒」。

羊羔酒，又名白羊酒，顧名思義就是把羊肉和糧食、水果等原材料攪在一起釀造成酒。釀酒時，把羊肉、羊脂浸於米漿之中，透過麴糵發酵而形成肉香型的羊羔酒，也可以採用浸泡的方法，把羊肉、羊脂置於成酒之中，用酒浸泡出肉香味。不管怎麼說，要想製造出香甜可口的羊羔酒，在羊肉的選用上，必須要選取一定數量的肥膘。

在《北山酒經》中就記載了釀造羊羔酒所需的原材料：使用羊肉三十斤，其中要有肥膘十斤。《壽親養老新書》記載的「宣和化成殿方」，一石米配七斤肥羊肉，全部使用肥膘。羊羔酒所具有的肉香味，主要來自羊脂肪。陳造《再次羊羔酒韻三首》詩中所云：「截肪醉骨薦馨香」，就點出了羊羔酒的脂肪特徵。

根據這些史料的記載，我們大致可以想像出羊羔酒的味道，「味極甘滑」，酒是像琥珀一樣的顏色，酒精度一般在17度左右，融脂香、奶香、果香於一體，酸甜適中，風格獨特，有著與眾不同的口感，這可能也是羊羔酒會在宋代流行的重要原因了。

宋代餐飲業之發達與今天相比有過之而無不及。從各種文學作品中便可看出一斑。

武松道：「我又不腳小，騎那馬怎地？只要依我一件事。」施恩道：「哥哥但說不妨。小弟如何敢道不依。」武松道：「我和你出得城去，只要還我無三不過望。」施恩道：「兄長，如何是『無三不過望』？小弟不省其意。」武松笑道：「我說與你。你要打蔣門神時，出得城去，但

遇著一個酒店，便請我吃三碗酒，若無三碗時，便不過望子去。這個喚作『無三不過望』。」施恩聽了，想道：「這快活林離東門去有十四、五里田地，算來賣酒的人家也有十二、三家，若要每店吃三碗時，恰好有三十五六碗酒。才到得那裡，恐哥哥醉也，如何使得！」

看看，十四、五里地而已，賣酒的人家倒有十二、三家，平均每五百米就有一處賣酒的地方。這還只是城外鄉村。在城市裡，更是繁華如夢，大到酒樓，小到酒館，可以說是相當普通的店鋪了。

《東京夢華錄》中記載，在北宋的都城開封，能排上名，數得著的大酒樓就有七十二家，那些小規模的酒館、飯館，更是多如繁星。而在這些酒館、飯館中，最受酒友們歡迎的就是這種羊羔酒。大家可能覺得是因為它便宜，所以才能廣為流傳，但事實上，這種酒在大酒樓，也就是類似我們今天的「五星級」酒樓裡，要賣到「八十一文一斛」，相當於現在36塊錢二兩酒，論斤算的話就是288元一斤了。不說在當時，就是在現在也算是比較貴的散裝酒。但即使如此，人們還是爭先恐後地來喝它，簡直是趨之若鶩，以至於這種酒在當時有些供不應求。

到了南宋時期，這種酒還成為了送禮的佳品，但是它除了口味出眾之外，是否還有其他原因，讓它能夠成為深受人們喜歡的酒水呢？我們不妨來探究一下。

羊羔酒最開始是在當時的北方地區流行。大家都知道北方地區冬天的時候天寒地凍，所以人人都喜歡喝點羊羔酒來禦寒。特別是富庶之家，更是如此。他們把能在屋裡一邊烘著火、一邊喝著熱乎乎的羊羔酒，視為最幸福的事情。

「羊羔酒」配「銷金帳」，代表著一種富貴形態。

在吳儆《寄題鄭集之醉夢齋》一詩中有云：「但問雪煎茶，何如羊羔酒。」在他看來，冬天的時候來上一杯羊羔酒，要比喝上一壺雪水煮的茶更讓人覺得舒服。

崔敦禮的《苦寒賦》則說：「我乃張重幄，處溫室，衣狐裘，坐熊席，盛獸炭之春紅，酌羔羊之瓊液。」周必大《春日飲羊羔酒》詩云：「淺斟想對銷金帳，生意重尋白玉盤。蟻泛似緣羶足慕，海凝如得毳逃寒。」

由此可見，在宋人看來，寒冷的冬天躲在屋裡，圍著火爐，看著門外的鵝毛大雪，一杯熱乎乎的羊羔酒下肚，身上的寒氣一掃而光，絕對是幸福時光。所以杜範在詩中寫出了「紛紛富家兒，羔酒醉金帳」這種形象的表述；王炎更是發出了「朱門滿酌羊羔酒，誰念茅茨有絕糧」的無限感慨。

「吃貨」蘇東坡大人對羊羔酒也是青睞有加。這也難怪，像他那種「吃貨」，對於這種流行的酒類，怎麼可能會放過呢？

在他的《二月三日點燈會客》一詩中就寫道：「江上東風浪接天，苦寒無賴破春妍。試開雲夢羔兒酒，快瀉錢塘藥玉船。」而另外還有一位有名人士也特意作詩來歌頌羊羔酒，他就是宋代著名詩人周必大。在他的《再賦羊羔酒》《臘旦大雪運使何同叔送羊羔酒拙詩為謝》《十二月二十二日葛守送羊羔酒戲占小詩》三篇佳作中，專門為羊羔酒開闢了一個新的篇章，並且一再感慨「羊羔酒」是「山中萬足天美祿，剩作酒材供拍浮」。

△佚名《乞巧圖》（局部），王季遷舊藏，現藏於美國大都
會博物館。

除了口味和可以禦寒之外，根據一些史料記載，羊羔酒
還有其獨特的藥用功效。因為羊肉本身性溫，具有補體虛、
祛寒冷、溫補氣血、益腎氣、補形衰、開胃健力、助元陽、
益精血等功效，而經過和糧食混合，並釀造成酒之後，更
是能夠大補元氣、健胃益腎，特別適合用來抵禦嚴寒，以
及病後衰弱、脾胃虛寒、食欲不振者飲用。

在宋朝朱翼中的《北山酒經》、元代鐵思慧的《飲膳正
要》、明代高濂的《遵生八箋》中，都對羊羔酒有所記載。

羊羔酒雖然風靡於唐宋，但其出現最遲卻是在三國時
期，據史料記載，諸葛亮曾以羊羔酒犒賞三軍。而寧夏靈
州枸杞羊羔酒生產歷史長達千年，有關歷史可以追溯到唐代。

唐代羊羔美酒作為貢品進入宮廷，供皇帝享用，唐玄宗李隆基給楊貴妃過二十歲生日時，從「沉香亭」貢酒中特意為楊貴妃選了「羊羔美酒」以示祝賀。貴妃醉酒後，翩翩起舞，跳起了《霓裳羽衣曲》，玄宗趁著酒興為之拍擊奏樂。直到清朝，學者李汝珍也在《鏡花緣》中記載羊羔美酒系灤城所產，並將羊羔美酒歸入當時五十五種名酒之列。

　　由此可見，這羊羔美酒真乃絕世佳品，所以才在宋朝得以廣泛流傳，直到今天。

3. 喝茶是一種生活品質

一、茶香滿溢

宋朝的茶

　　既然說到了酒，我們就不能不說說茶。因為中國的飲品除了白酒之外，最著名的就是茶了。從古代開始，外國人一提到中國，第一時間能想到的兩種東西，一種是瓷器，另一種應該就是茶了。

　　在講唐朝的時候，我們也提到過茶，那個時候還有個叫陸羽的人寫了一本關於茶的著作，就是後世有名的《茶經》。那麼宋朝人是不是也那麼喜歡喝茶呢？他們在喝茶的習慣和方式上又與唐朝人有什麼不同呢？我們就一起來探個究竟吧。

　　在《清明上河圖》中，我們能夠發現，在那些大大小小的店鋪中除了供人吃飯的飯館之外，最多的恐怕就是茶館了。當時北宋的都城內的茶館有很多，在整個城市中星羅棋布。

　　不知道大家有沒有什麼印象，就是在《水滸傳》中，那個一天到晚喜歡打聽張家長、李家短的，間接害死武大郎，害得武松上梁山的王婆，她就是一個開茶館的，也正是因為她開了一家茶館，才能夠為西門慶和潘金蓮的醜陋之事打掩護。由此也可以看出，宋朝的人也是愛好飲茶的。

　　中國人願意喝茶是世人皆知的，宋朝更是不例外。宋朝人喜歡品茶，因此，我們現在叫得出名的茶，大多是在宋朝時期培育出來的，其中最有名的當然要屬西湖的「龍井」了。但在宋朝的時候，這種茶，並不叫龍井。

二、茶中的上品

龍井茶的由來

　　提到杭州，除了能想到「上有天堂，下有蘇杭」的美景之外，最能讓人津津樂道的，就是西湖的雨前龍井了。在西湖邊上，坐在湖上泛舟，或者坐在岸上看著湖光山色，再來上一壺龍井茶，真可以說是人間美事了。

　　龍井茶，加入水之後，芽葉呈現出新鮮的綠色，飄在水中，宛如浮萍，栩栩如生。當然，如果只是賣相好的話，也無法和其名茶的身分相匹配，真正讓其躋身名茶之列的原因當屬它那甘鮮醇和的味道和優雅清高的香氣。因為其素來以「色綠、香郁、味甘、形美」著稱。那麼，這樣的龍井茶是從何時開始，又因何而聞名的呢？

　　其實早在唐朝，我們那位偉大的「茶聖」陸羽，就在他的著作《茶經》中介紹過，在天竺寺和靈隱寺出產一種茶，但在當時，並沒有人知道它的名稱——這種茶大概就是現在所說的龍井。據專家所言，正是後世名滿天下的「西湖龍井」的前身。宋朝時，在杭州一帶的寺院裡，由那些僧人們所種植的茶。

△劉松年《攆茶圖》（局部）。圖中約略可見宋人對飲茶的
　態度，精緻與享受。

　　本來，佛門清淨之地，即使種植了一些好的東西，也未
必會天下聞名的，但我們要知道，那是在宋朝，是「吃貨」
蘇東坡所在的宋朝。前面我們講了很多關於這位蘇大人在
飲食上的創舉，這龍井茶的出名，跟他自然也是脫不了關
係的。

　　當時蘇軾和他的弟弟蘇轍，還有和尚辯才一起到天竺
山、龍井山遊玩、品茶、吟詩作對，因此也將當地的這種
茶葉帶到了其他地方，這才使得這種茶葉為世人所知，只
不過當時還沒有「龍井」這個名字，至少在史料上並沒有
相關的記載。

　　史料只是記載說，這種產於杭州寺廟的茶葉，後來被宋

朝的朝廷列為貢品。南宋的《乾道臨安志》中就有相關記載，說當時的貢品有山茶、楊梅和筍等。這裡的山茶就是指的後來的「龍井」。而《咸淳臨安志》也記載說：「歲貢見《舊志》，錢塘寶雲庵產者名寶雲茶。」這裡的《舊志》是指北宋時期的《祥符圖經》。由此也可以看出，在北宋時期，杭州佛寺山茶早就被列為朝廷的貢品，那自是茶中的上品。

我們在上文所提到的北宋著名的僧人辯才，就曾經在天竺寺裡待了二十年。當然，翻閱了大量的史料之後，也沒有發現關於他開山種茶的明確記載，但關於當時天竺的和尚種植新茶，製作新茶，卻是有據可查的。

辯才晚年的時候，從天竺寺搬到了壽聖院獅子峰佛寺，而在那裡，他確實開始種植茶樹。這一系列的活動，從他搬過去開始，一直到圓寂，持續了將近十個年頭。而也就是在這個時候，龍井茶開始出名。

在他寫的《龍井新亭初成詩呈府帥蘇翰林》中，曾經提到：「軒眉獅子峰，洗眼蒼龍湫……煮茗款道論，莫爵致龍優」。這裡所講的「煮茗」，就是指他和蘇東坡一起品茶論道。

當然，提到龍井的，也並非只有辯才一人。那個寫出了「兩情若是久長時，又豈在朝朝暮暮」的秦觀，在《龍井題名記》中也記述了相關的事：他曾於元豐三年（西元1080年）秋，夜行山路，前往老龍井壽聖院拜訪辯才法師，這裡面所用的句子就是「上風篁嶺，憩於龍井亭，酌泉據石而飲之」。

宋朝之後，元代的詩人虞集還著有《遊龍井》，詩中稱

讚當時龍井出產的茶葉，其中有「烹煎黃金芽，不取穀雨後，同來二三子，三咽不忍漱」的詩句。到了明萬曆十九年時黃一正編撰的《事物紺珠》列出了當時中國各地的名茶九十多種，其中龍井排於第二十一位，說明此時西湖龍井已經有了一定的知名度。

而龍井真正享譽全國的時間是在清朝。到了清朝，西湖龍井的種植加工得到了巨大的發展。乾隆曾四次來龍井村觀茶品茶，為龍井村題下「龍井八景」，甚至將其中十八棵茶樹封為御茶，此後龍井一直成為清朝皇室的貢品。因此，清朝人常常說：「龍井色香青鬱，無上品矣！」

到了清末民初，龍井茶的種植已經布滿西湖湖西、湖南各處，形成了「獅、龍、雲、虎」四個主要生產基地。

而所有的這些，其原身都是北宋時期的白雲茶、香林茶、獅子峰佛寺茶。而獅子峰、老龍井一帶也就是當年龍井茶的發祥地，可以說，龍井茶開始小有名氣，是從北宋年間開始的。

三、龍井並不是雨前最好

教你辨識龍井茶

　　說到龍井，可能很多人最常聽說的是雨前龍井，那麼這個「雨前」又是什麼意思呢？恐怕大家並不是很清楚。

　　這種叫法是根據茶葉採摘時節不同而形成的。像西湖龍井就分為明前茶和雨前茶。單從字面上來看還是相當好理解的，所謂「明」和「雨」，其實就是二十四節氣的清明和穀雨。明前茶就是在清明之前，把茶樹剛發出來的嫩芽採摘下來，然後經過炒製等步驟做成茶葉。而正因為這個時節，龍井茶樹還只是剛剛出嫩芽，所以明前茶可以說是西湖龍井的最上品，因它的嫩芽像蓮子的芯，也被稱為蓮心。

　　當然，如果某一年的氣溫較平常冷，溫度不適宜發芽的話，恐怕採摘的時間還要稍稍向後延遲，大致會延遲到清明的前後兩天左右，而在這個時節所採摘的龍井，就稱為清明龍井。

　　有了前面兩個例子，雨前茶可能就好理解了。清明之後的節氣就是穀雨，在穀雨之前所採摘的就是雨前龍井了。

　　雨前龍井也叫二春茶，雖然不如明前龍井那麼名貴，但其品質在龍井中也是數一數二的。因為，除了嫩芽之外，還有一芽一嫩葉的或一芽兩嫩葉的。而又因為一芽一嫩葉

的茶葉泡在水裡像展開旌旗的古代的槍，所以又被稱為旗槍，而一芽兩嫩葉則像雀類的舌頭，被稱為雀舌。

因此古人對茶葉的追求其實比我們更加講究，所以那個時候的西湖龍井在每年五月一日之後就不再採摘。

但現在什麼東西都講究量產，隨著市場化的到來，也因為茶樹的種植水準有了提高，現在的西湖龍井茶會一直採摘到立夏，而這時的茶則被稱為三春茶，但品質真的可以說是一般般，和其他綠茶也就沒有什麼太大的區別了。

但也正因為這樣，我們才能夠有那種瓶裝茶飲料喝。正因為過了立夏的茶已經有了茶梗，品質一般般，沒有資格被加工成綠茶，這些茶葉就會被拿到加工廠加工成袋泡茶或瓶裝茶飲料。

大家看到連採摘的時間都這麼講究，是不是頓時覺得龍井茶確實是高級又大氣呢？可是你只是看到了採摘的時間，如果你知道它的採摘過程和炒製的方法，就更會覺得它真心是個高級產品了。

因為在採摘上品西湖龍井的時候，新芽還特別嫩，所以採摘的時候是不允許用指甲將其掐斷的，一旦這樣做了，就會在嫩芽上留下永久的痕跡。因此，正確的方法是要拔出嫩芽，甚至傳說中高級的新茶是需要採茶姑娘用嘴唇採下的。不知道各位看到這種採摘方法，有什麼樣的感想呢？

採摘下來之後，就要開始進入晾曬的步驟了。晾曬是在竹篩上進行的，一般需要半天左右的時間，這樣可以減少茶葉中的青草味道，使水分達到炒製的要求，同時讓新茶在炒製時不至於結團。然後再對晾好的新葉進行大致分類，根據葉子的品質檔次來決定下一步炒製的鍋溫、力道等。

這之後，我們就要開始炒製龍井茶了。要知道，西湖龍井的炒製是一定要經過手工來完成的，而在這炒製的過程中，通常包含的工藝就有「抖、帶、擠、甩、挺、拓、扣、抓、壓、磨」十大工序。不說別的，光看這複雜的工序，就足夠讓人咂舌的了。而整個炒茶過程又可分為青鍋、回潮、輝鍋三個階段：

青鍋是在十五分鐘內使茶葉初步成型為扁平，茶葉被炒至七、八成乾。

回潮是將經過了青鍋後的茶葉起鍋攤平在竹篩中回潮，時間大約需要一小時。

輝鍋是將回潮後的茶葉加入鍋中炒乾，使水分小於5%，並且進一步定型。大約需要二十分鐘。輝鍋後的茶葉起鍋晾涼就是西湖龍井的成品了。

各個步驟的具體操作和時間由炒茶人根據自己的經驗來決定。一個好的炒茶人要在十來歲的時候就開始學習炒茶技術，炒茶技術對西湖龍井成品的品質影響很大。傳統上，西湖龍井是由女人採茶，男人炒茶，但是現在也有很多女炒茶人。

所以說，西湖龍井能夠世界聞名並不是浪得虛名的，它凝結著採茶人、製茶人的心血。也正是因為上述那些複雜的步驟和程式，才造就了西湖龍井那與眾不同的色澤和味道。

西湖龍井一向以「色綠、香郁、味甘、形美」而著名：所謂的色綠，就是指茶葉的顏色是翠綠的或帶點糙米色，沖泡到水裡後，湯色碧綠澄清。其氣味香鬱，茶葉香氣清爽持久。喝到嘴裡，能體會到其味的甘甜，有一種甘鮮醇和的別樣風味。而其外形也是美極的，不但扁平光滑，而

且大小勻稱。

△趙佶《文會圖》（局部），絹本，臺北「故宮博物院」藏。
圖中描繪了宋人飲茶時的閒適景象。

　　當然，龍井茶的盛用器具也是很講究的，不是什麼茶杯
都適合用來喝龍井茶。如果想品嘗龍井茶，需要拿一個玻
璃杯，或者是白瓷杯，而水的溫度則要保持在攝氏80度左
右。當然，我們說的這只是現代人沖泡西湖龍井，宋朝或
者其他朝代的人們，很多是要用虎跑泉的泉水來沖泡龍井
茶的。因此，自古也有「虎跑泉水龍井茶」的說法。可見
在很多時候，古代人可能要比我們更加有品味，更能享受
生活。

四、宋朝的星巴克

宋朝的茶館

在之前，我們講了龍井茶的由來、發展以及關於龍井茶的辨識。但在我們偉大的宋朝，茶的種類可說是數不勝數，不單單只有龍井這一種。

既然有這麼多種茶葉，人們喝茶的時候是不是也要有所講究呢？飲用的方式和我們今天又有什麼區別呢？大家稍安勿躁，接下來我們要講到的就是宋朝的飲茶方式了。請大家做個深呼吸，然後跟我們一起走進茶香滿溢的宋朝茶館吧。

為什麼我們總是說古代人在對生活情調的追求上，和現代人比起來一點都不遜色呢？這些答案可能還要你自己在書裡尋找。我們有理由相信，在你看過書之後，可能會覺得他們比我們更追趕時尚潮流呢。不說其他，單從喝茶這件小事上，就可以展現出古代人對於精緻生活的追求。你要是不信，咱就來看一看。

從張擇端的《清明上河圖》上，我們可以看到，在鱗次櫛比的店鋪中，除了吃飯的飯館和喝酒的酒館外，還分布著大大小小的茶館。就像如今在「上班族」心目中頗有一定地位的星巴克一樣。那個時候，到茶館喝上一杯香茶和

如今坐在星巴克裡來上一杯香濃的咖啡一樣，是一件很時尚的事情。

就像《水滸傳》中，那個愛嚼舌根的王婆，之所以能夠聽到街頭巷尾的張家長李家短，就是因為她開了一家能夠任人喝茶聊天的茶館。我們常說：「開門七件事，柴米油鹽醬醋茶。」正是因為當時的人們喜愛喝茶，宋朝的各大城市中才能夠到處都見到茶坊——就像今天的咖啡店喜歡在街邊擺上幾套桌椅，再撐上一把太陽傘一樣，那時候的路邊也會有一些茶棚。供行人休息和乘涼的地方，不是茶館就是茶棚，由此也足以見得當時的人們是多麼喜愛飲茶了。

《東京夢華錄》中記載，朱雀門外，「以南東西兩教坊，餘皆居民或茶坊，街心市井，至夜尤盛」。這裡說的是北宋，當然，到了南宋，人們也是一樣愛好飲茶的，這一點，我們從吳自牧的《夢粱錄》中就可見一斑。書中記載臨安「處處各有茶坊」，如俞七郎茶坊、朱骷髏茶坊、郭四郎茶坊、黃尖嘴蹴球茶坊、一窟鬼茶坊、大街車兒茶肆、蔣檢閱茶肆。不說別的，單說這些茶坊的名字，我們就能發現，那時候人的想法有多麼時尚了，連茶館名都取得比現在還要酷，真正做到了抓住人們的目光，還可以說是極具廣告效應。

在當時，茶館和茶棚為宋朝上到公卿，下到百姓，提供了一個可供休閒娛樂的公共空間。茶館不但是普通百姓喜歡聚集、閒話家常、聊聊八卦之所，更是士大夫「期朋約友會聚之處」。還有一些高級的茶坊可供「富室子弟、諸司下直等人會聚，習學樂器、上教曲賺之類」；大眾茶坊則是「諸行借工賣伎人會聚」的場所；還有「樓上專安著

妓女,名曰『花茶坊』」的「非君子駐足之地也」。

△張擇端《清明上河圖》(局部)。
　圖正中央是一座宋代的酒樓,酒樓左側便是一家茶肆,十
　分熱鬧。

　　高檔的茶坊環境優雅,「汴京熟食店張掛名畫,所以勾
引觀者,留連食客。今杭城茶肆亦如之,插四時花,掛名
人畫,裝點店面……今之茶肆列花架,安頓奇松異檜等物
於其上,裝飾店面」。可見,當時的茶館經營者在店面設
計上,是十分注意用一些創意來營造濃厚的藝術氛圍的,
而他們的這些做法也的確達到了提升品味和層級的目的。
比方說北宋的名臣范祖禹,他在給當時的皇帝上書的時候,
為了拍皇帝馬屁,說皇上有多麼的知人善任時,就舉了個

例子，說在當時的都城開封，幾乎每家茶館內都會掛上當時的宰相司馬光的畫像。

怎麼樣？夠新潮吧。現在的一些店家會掛些明星照片來顯示自己的品味，但這些都是人家在宋朝就已經玩剩下的了。而且人家那時候也有名人的字和畫，比如北宋初年，宋太祖就曾經賜過畫給開封城內的茶館：「宋太祖閱蜀宮畫圖，問其所用，曰：『以奉人祖爾。』太祖曰：『獨覽孰若使眾觀耶？』於是以賜東華門外茶肆。」

因此，現在的咖啡館為了顯示其與眾不同，掛一些名家字畫，布置得清新典雅，和宋朝的茶館一比，真可以說是弱爆了，這都已經是宋朝人玩剩下的好不好，我們能不能另闢一些蹊徑呢？

那個時候，為了創造收入，還有一些茶坊做起了特色經營，那就是用歌伎來招徠客人：「諸處茶肆、清樂茶坊、八仙茶坊、珠子茶坊、潘家茶坊、連三茶坊、連二茶坊，及金波橋等兩河以至瓦市，各有等差，莫不靚妝迎門，爭妍賣笑，朝歌暮弦，搖盪心目。凡初登門，則有提瓶獻茗者，雖杯茶亦犒數千，謂之『點花茶』。登樓甫飲一杯，則先與數貫，謂之『支酒』，然後呼喚提賣，隨意置宴。趕趁、祗應、撲賣者亦皆紛至，浮費頗多。或欲更招他妓，則雖對街，亦呼肩輿而至，謂之『過街轎』。」怎麼樣，聽起來是不是覺得這方法很熟悉，很像我們今天的夜總會，在給人提供喝酒聚會場所的同時，還會有一些小節目上演。

這麼看來，宋朝人的經濟頭腦簡直是走在了世界的前端。我們現在的生意人，真的應該好好看一看當時的典籍，從中找出更多賺錢的好方法。古人的智慧，真的可以讓我

們取之不盡，用之不竭。

　　當然，這樣看來，宋朝時的高級茶坊，不論是品味，還是價位，都要比今日的星巴克高出許多。不過宋人並不會因此而質問「為什麼一杯茶賣得這麼貴」。人們在這種茶坊裡喝茶，喝的不只是生活，還有格調，還有寂寞，更多的是對生活品質的一種追求。

　　說完了茶館，關於宋朝的茶文化，我們還有著更多不說不可的東西，就是宋朝的飲茶方式。

△宋代鐵鏽斑茶盞。

五、想怎麼喝就怎麼喝

飲茶的方式

　　在宋人孟元老的《東京夢華錄》中記載有「李四分茶、街北薛家分茶」等。正所謂酒可以使人喪失儀態，茶卻能夠在酒後使人清醒，不得不說是一種好東西。

　　蘇軾在自己的詩詞裡寫道：「要知玉雪心腸好，不是膏油首面新。戲作小詩君一笑，從來佳茗似佳人」。為什麼在這裡蘇軾會將茶比作冰雪呢？明明茶的顏色並不似冰雪的啊？

　　其實如果查閱一些資料的話就會發現，宋朝人喝的茶是白茶。什麼是白茶呢？我們要好好地探尋一番了。

　　所謂的白茶，是使用一種深色的茶具沖泡茶葉，沖出來的茶湯要有一層白沫方為上品。不過可惜的是，這種製作白茶的方法已然失傳，我們今天已經沒有機會再去品一品能讓蘇東坡贊為佳人的「白茶」了。

　　茶在宋朝人的生活中，占有很重要的地位。也是從宋朝開始，茶葉這種東西開始在世界各地流行起來。我們常說：「開門七件事，柴米油鹽醬醋茶。」可見茶在宋朝的流行程度。

　　如果說在千頭萬緒的茶文化中，唐朝做到了除舊布新，

創造了飲茶的精緻期，那麼宋朝就是在唐朝的精緻基礎上，迅速發展出了迎合當時時代並且極雅致的點茶法。

所謂的點茶法就是在茶碗中進行調茶的一種遊戲，從趙匡胤下南唐開始，一直到明洪武二十三年廢茶團為止，這種茶文化在中國流行四百二十六年。

同唐朝相比，在釜中煮的茶與在碗中調和的茶，一樣是餅狀，製造過程卻大大不同。唐朝人把茶葉先蒸再烘乾後以箬葉包裝儲存備用，宋朝人則是把茶葉大費周章地採下來，先按照一定的方法分級，然後才入蒸，當茶葉蒸到半熟後就榨去水分，榨完水分後磨成膏（像做年糕磨米裝袋去水一樣），再將茶膏放在模型中製成餅，再用火烘五至六天，一個茶餅從生葉至完成至少要十天。尤其是在皇室對飲茶產興生趣後，不但製茶工藝變得煩瑣（如長指甲掐茶不許碰到人體；如在茶餅中加入香料；如以銀模印餅），在包裝上亦是用心計較（先以青箬葉包茶餅，再包黃羅，裝在朱漆小匣中，上鎖後，匣外包上細竹織籃），然後以快馬送入京。

在製造茶餅的過程中，茶葉又榨又碾，細胞早已粉碎，所以飲用時不用再把茶放到鍋子裡煮，而是只用開水沖泡即可，這可以說是飲茶方法的一大改革。

茶餅茶與一般茶大有不同，茶餅飲用，皇室與民間倒也大同小異，過程大概為：備茶煮水，注水點茶，分茶備茶，要烤茶餅，要碾細，要羅末，煮水要注意溫度，不可過沸，注水要細、要長、要強，點茶要不多不少，比例恰當，分茶時用深色碗裝著，以顯現出白色的泡沫。

從皇帝到百姓，大家對飲茶遊戲都十分熱衷，宮中常舉

行茶宴招待大臣，皇帝本人、製茶大臣都有專書論著。民間茶館四處林立，氣氛高雅不俗，陶瓷器的生產被推動，在宋朝更出現了五大名窯，生產珍貴足以傳世的茶具。士大夫不僅以茶為樂，更把茶提升至瞭解自我的境界，是一種心靈寄託，而不止消憂、除睡、解睏。

市集小販日常的娛樂不是打牌、打麻將，而是猜茶。你沖一碗給我猜，我沖一碗給他猜，往往就玩得樂此不疲；和尚們已把飲茶與吃飯列為生活要事，他們借吃茶來辯論佛理、解決疑問，「吃茶去」三字變成宋代禪門公案，他們既好茶，茶的生產、製造、銷售也自己負責，完全自給自足，又順便改變了寄生蟲的社會印象。

在宋淳熙年間，來了一個日本禪師，在浙江天台山留學，並在回國的時候將各式的茶種、茶具帶回日本。不僅如此，他更把宋人的喝茶模式全盤帶回日本。

簡單來說，宋朝的茶藝只是在碗中調一碗比例均勻的泡沫綠茶，然而因為宋人精於生活之道，茶藝便融入了他們的生活，也融入了他們的精神世界。據資料統計，宋朝時，全國產茶六十六州二百四十縣，許多人精於茶事，從煮水聽湯，碾塵點試，無一不得心應手。

甚至有人在注湯時，能在茶碗中將茶湯變成各種物像，有一家名叫「三與三的茶館」，冬賣擂茶，夏賣蜜茶，掛名人畫、插四時鮮花，鼓樂隊常吹地方戲曲，如此看來，我們現代人想要學人家也只能學到點皮毛，精髓上好像還差一大段的距離呢。

宋代以前，中國的茶道以煎茶法為主。到了宋代，中國的茶道發生了變化，點茶法成為時尚。和唐代的煎茶法不

同，點茶法是將茶葉末放在茶碗裡，注入少量沸水調成糊狀，然後再注入沸水，或者直接向茶碗中注入沸水，同時用茶筅攪動，茶末上浮，形成粥面。

宋代，朝廷在地方建立了貢茶制度，地方為挑選貢品需要一種方法來評定茶葉品級高下。根據點茶法的特點，民間興起了鬥茶的風氣。鬥茶，多為兩人捉對「撕殺」，三鬥二勝。

南宋開慶年間，鬥茶的遊戲漂洋過海傳入了日本逐漸變為當今日本風行的「茶道」。日本《類聚名物考》對此有明確記載：「茶道之起，在正元中築前崇福寺開山南浦昭明由宋傳入。」日本《本朝高僧傳》也有「南浦昭明由宋歸國，把茶檯子、茶道具一式帶到崇福寺」的記述。

如何判定鬥茶的勝負，我們將在後文中介紹。

中國是茶文化的發源地，飲茶的歷史可追溯到神農氏時期，距今有五、六千年歷史了。從高郵出土的黑釉盞，可以看出宋代「鬥茶」之風，對新奇別致的茶具製造有著推動作用，尤以兔毫盞的發現，證明了這座古城自建邑以來，保持了長達兩千多年的發展和唐宋年間茶文化的璀璨。

高郵並非陶瓷產地，但從舊城遺址和墓葬中出土的中國南北各地窯場的完整陶瓷和瓷片，品類豐富，器種繁多，前所未有。高郵地區出土的黑釉盞產於福建、江西、浙江、河南等窯場，尤以福建省建陽窯「建盞」為最。然「建盞」中又以「曜變」叫絕於世，「曜變」黑釉盞釉色變幻莫測，皆因窯火藝術，而非人力所為，至今「建盞」中「曜變」完整的器皿孤芳難尋。

目前傳世「曜變」黑釉盞僅有4件，分別藏於日本東京、

大阪、京都、鐮倉館,被尊為日本國寶,中國於1992年挖
掘窯遺址時,僅發現若干枚這類瓷片。

1995年,高郵出土一枚較大「曜變」瓷片,其特徵為
口大足小,盞壁斜直,形似漏斗狀,所施釉色呈黑黃色,
兼有醬色,窯變釉紋細密如絲,狀似兔毫,瓷片隨光線轉
動而反射出彩虹般光暈。正是「建盞」迷彩誘人的色澤和
泛於湯表的造型,博得達官貴人賞識,成了當年專供宮廷
鬥茶的器具,後民間多有仿效。

△周文矩《飲茶圖》。
宋人飲茶不在多,而在精,飲的是一份閒適和愜意。

天目窯遺址主要分布在浙江臨安縣凌口、紹魯和西天目
鄉等處。天目窯黑釉盞也有金兔毫、銀兔毫之分,而類似

鷓鴣背部紫赤色條紋鷓鴣斑，被行家視為珍品。高郵出土的黑釉盞釉彩似飄逸青絲紋，在日光照射下，黑釉中也能映出燦爛的藍色變化光暈，具有「曜變天目」的韻味。工藝超群的黑釉盞和瓷片則表現了宋人茶風之盛和鬥茶的審美情趣，更反映出中國古代茶具工藝的高超水準。

綜上所述，茶在宋朝是真正的流行元素。我們現代人所謂的那些茶藝和當時一比，簡直就是小兒科，而且祖宗所留下的那些飲茶方法大都已經失傳，我們不得不為此汗顏。當然，關於宋朝的茶文化，還不是只有這些，我們接下來還會繼續讓大家知道。

六、宋朝的精緻生活

宋朝的茶文化

　　在前面，我們講了很多和宋朝的茶有關的東西，但也只是大致地講了一些飲茶的方式、茶的種類等。在這一篇章裡，我們就要對宋朝的茶詳細說明。

　　說起茶文化，如果唐朝居第一的話，那麼宋朝絕對應該排在第二位。因為在宋朝，喝茶就代表你有文化、有品味。而且幾乎上到官宦，下到百姓，無一例外地把喝茶當成每天必做的「公事」。

　　比起唐朝那動輒大碗喝酒、大口吃肉的豪放生活，宋朝人在生活的很多方面都更加細緻，可以說他們追求的是更高的生活品質。

　　中國著名歷史學家葛兆光先生曾經對唐朝和宋朝人的生活做過一個十分經典的評論：「唐代與宋代文人士大夫一熱一冷、一粗一細、一動一靜、一尚武任俠一修文主靜。」對比一下唐朝和宋朝市井百姓、官宦人家的日常生活，這個評論，可以說是相當到位了。

　　我們之前就說過，宋人的製茶和飲茶方式都與我們現在有著很大的不同。比如著名的團茶和散茶。

　　所謂團茶，就像現代人常喝的「七子餅」等餅茶，或者

一小坨的那種坨茶，又叫片茶。而這兩種茶的製作方法放到我們今天來看，簡直就是一種天大的浪費。因為它要先將蒸熟的茶葉去除水分，碾成粉末，然後再放入茶模內壓製成型。這種做法要是擱到今天，我們自己親自動手做的話，估計得把我們的心疼死，因為這實在是太浪費茶葉了。要是直接泡著喝的話，能省不少呢。但就是這種方法做出來的團茶，才能在宋朝被視為茶葉中的上上品。

要說宋朝的團茶，最好的應該是產自建州和南劍州的團茶，「既蒸而研，編竹為格，置焙室中，最為精潔，他處不能造。有龍、鳳、石乳、白乳之類十二等，以充歲貢及邦國之用」。而江南西路和荊湖南路、北路的一些府、州、軍所出的「仙芝、玉津、先春、綠芽之類二十六等」也算是上品。

在這裡，我們要特別講一個如今已經失傳的宋代名茶——龍園勝雪（也有文獻稱「龍團勝雪」）。這種茶產自福建，是宋朝的三十八款名茶之一。

根據史料記載：「龍園勝雪：水芽、十六水、十二宿火、正貢三十銙、續添二十銙、創添六十銙。」建甌北苑的入貢團茶，不僅品質一流，而且形態美觀。有方形、圓形、圭形、花葉形，表面模印的花紋龍騰鳳翔、陰陽交錯、圖文並茂。

北苑造茶，沒有最好，只有更好！這是北苑御茶能在中國茶史輝煌458年之久的第一要素。從太平興國二年（西元977年）始，至宣和二年（西元1120年）的短短143年間，北苑御茶的極品在不斷刷新。在熊蕃所著的《宣和北苑貢茶錄》中記載：從紫筍臘面先後被京鋌、石乳、的乳、白

乳取代，再被大龍鳳團取代；大龍鳳團又被小龍鳳團取代，
小龍鳳團又被密雲龍取代，密雲龍又被瑞雲翔龍取代，瑞
雲翔龍又被白茶取代，最後到了登峰造極的龍園勝雪。這
就是中國茶史上空前絕後的「龍園勝雪」所開創的奇蹟。

七、失傳的名茶

龍園勝雪

　　看到這，大家也許會有一個疑問，有「龍園勝雪」這麼好聽名字的茶到底是個什麼樣子？那我們就來說說吧，為什麼會有這麼個名字呢？

　　在北宋徽宗年間，宮廷裡的鬥茶活動非常盛行。上有所好，下必甚焉，為了滿足皇帝、大臣們的喜好，御茶的徵收名目越來越多，製作也越來越精緻。不怕做不到，就怕想不到。北宋宣和二年（西元1120年），漕臣鄭可簡創制了一款可以說是曠世絕品的新茶，把前面的大、小龍鳳團都給比下去了。

　　這種茶是用「銀絲水芽」精製而成的，這「銀絲水芽」又叫「銀絲冰芽」。《北苑別錄》中將茶葉分為「紫芽、中芽、小芽」三個等級：紫芽，即茶葉是紫色的，製作北苑御茶時，紫芽是捨棄不用的；中芽，即一葉一芽（古稱一旗一槍），有詩贊它：「一槍已笑將成葉，百草皆羞未敢花」；小芽，是剛長出的茶芽，形狀就像雀舌、像鷹爪──小芽中最精的狀若針毫的才被稱作「水芽」。熊蕃的《宣和北苑貢茶錄》中稱：「至於水芽，則曠古未之聞也。」鄭可簡就是用這「曠古未之聞」的「銀絲水芽」製出了這

款新茶，因其茶品色白如雪，故名為「龍園勝雪」。

△《松林煮茶》，在宋代的文人雅士看來，飲茶也要求環境
清幽。

　　看到這裡，讀者們是不是有一種身臨其境的感覺呢？好
像有一種淡雅的茶香迎面而來，如果不是失傳了，我們也
許能夠有幸嘗上一嘗，那可以說真的是一件人生美事呢。
只是這種想法要想實現，估計只有等待時光機的出現，才
能讓我們回到那魂牽夢繞的宋朝去親自走一趟，品品茶，
逛逛街了。

　　閒話少敘，我們還是說回「龍園勝雪」。就像上面所提

到的那樣，根據《宣和北苑貢茶錄》記載：「宣和庚子歲，漕臣鄭公可簡，始創為『銀絲水芽』。蓋將已揀熟芽再剔去，只取其心一縷，用珍器貯清泉漬之，光明瑩潔，若銀線然，號『龍園勝雪』。」大家可以想像，用曠古未之聞的銀絲水芽，精製而成的龍園勝雪，其奢侈程度有多驚人！時人稱：「茶之妙，至勝雪極矣，每斤計工值四萬，造價驚人，專供皇帝享用。」鄭可簡因此而受寵，官升右文殿修撰、福建路轉運使，專營北苑茶事。

這種茶造型美觀，精品迭出。趙汝礪在《北苑別錄》中，將北苑御茶分成細色五綱和粗色七綱，其中粗色七綱是皇帝賞賜近臣的，而細色五綱則是專供皇帝一人享用的。

北苑御茶的細色五綱分別是：

第一綱是龍焙貢新。

第二綱是龍焙試新。

第三綱有龍園勝雪、御苑玉芽等16種。

第四綱有無比壽芽、瑞雲翔龍等12種。

第五綱有太平嘉瑞、龍苑報春等6種。

其中第一綱龍焙貢新是最上等的、最精良的，開焙後十天內就得進貢，價值達四萬錢。不管是粗色七綱還是細色五綱，製作時所選的鮮茶都是小芽或水芽，一般不用中芽，其洗滌次數都在十二水以上，蒸焙次數從七宿火。

看看，人家的皇帝有多麼會享受，單看這些描述，我們就已經吞口水了，真想來上一壺嘗上一嘗，也不枉我們來人間走一趟了。只不過，這種只供皇帝喝的茶，恐怕我們就算真的穿越回去，也沒有機會品嘗，只有「望茶興歎」的份。

八、想喝貢茶？先看看自己的身分
宋朝的貢茶

　　從上一節我們也可以看出，宋朝的那些名茶，都有一個十分悅耳的名字，特別是貢茶。比如說龍鳳茶，這種茶也是產於福建，是建溪流域出產的。

　　在《大觀茶論》中記載：「本朝之興，歲修建溪之貢，龍團鳳餅，名冠天下。」正是「樣標龍鳳號題新，賜得還因作近臣」。這個龍鳳茶，也和我們上面提到的「龍園勝雪」一樣，是貢茶，就像詩句裡所講，只有那些皇上身邊的近臣，類似詩人這種，才能有幸喝上一杯「圓如三秋皓月輪」的貢茶，可見這種茶在當時的名貴程度了。

　　還有一種在陸羽的《茶經》裡有記載的茶，叫鳩坑茶。既然陸羽也有提過，那就說明它從唐代開始就已經是很有名氣的一種茶了。而這種茶，也是貢茶，是專門給皇帝喝的。

　　說到鳩坑茶，還要提到一位鼎鼎大名的宋代大人物，就是寫過《岳陽樓記》的范仲淹。他可是非常喜歡鳩坑茶的，還特意為它作過一首詩：「瀟灑桐廬郡，春山半是茶。新雷還好事，驚起雨前芽。」這裡說到的茶，便是鳩坑茶了。

　　除了上面所說的這些，宋朝的名茶還有七寶茶、雙井茶、寶雲茶、日鑄茶、臥龍山茶、蒙山紫筍茶、峨眉雪芽

茶等。當然,雖然宋朝的貢茶品種繁多,但是說到底,最有名最貴重的,還是北苑茶。喜歡古代文學的人會發現,這些茶的名字常常出現在宋人的詩詞文章中。

如果我們查閱相關的宋朝文獻,還可以發現一件有趣的事情:宋朝的皇帝有一個癖好,就是喜歡把貢茶賞賜給親近的大臣,並與他們一起品嘗。大臣們喝完茶之後,也不能白喝啊,當然得寫點什麼來表示對皇帝賞茶的感恩,所以就有了「賜得還因作近臣」「特旨留丹禁,殊恩賜近臣」「啜之始覺君恩重,休作尋常一等誇」這種一看就知道是「拍馬屁」的謝恩詩了。

九、喝茶也是一種競技

在前面的文章中,我們也提到了鬥茶,只是並沒有對它進行詳細說明。在這一篇章裡,我們就來好好地講講,在宋朝人的生活中,占據著重要地位的,代表了宋朝人生活品質的休閒活動——鬥茶。

其實,鬥茶並不是在宋朝才開始出現的,最早可見於唐朝文獻中。但就像我們之前所說的,宋朝人和唐朝人的性格有著很大的不同,唐朝人的豪放性格決定了在他們的生活中,酒的地位要高於茶。因此,鬥酒恐怕比鬥茶更適合唐朝人。因此,更喜歡「小資」生活的宋朝人,自然而然就更喜歡鬥茶了。因此,鬥茶能在宋朝流行,也是和宋朝人對生活品質的追求息息相關。

自從湖州紫筍茶和常州陽羨茶被定為貢茶之後,湖州刺史和常州刺史可樂壞了。自己這裡產的茶能被皇上相中,這可是多大的榮幸啊。於是,為了炫耀自己管轄的地方能夠出產貢茶,每年的早春時節,湖州和常州太守就會選擇在兩州毗鄰,一個叫顧渚山的地方進行鬥茶。

那裡有一個境會亭,湖州和常州就在這舉辦的茶宴,邀請當時的社會名流來品嘗,看看到底是湖州的紫筍好還是

常州的陽羨更好。有詩云：「紫筍齊嘗各鬥新」，這就是
鬥茶的來源了。

△佚名《鬥茶圖》（局部）。鬥茶在宋代頗為盛行，上至皇
　室下至平民，都深深喜愛這項風雅而有趣的活動。

　　鬥茶能夠在宋朝盛行開來，雖然說完全得益於宋朝的風
氣和當時製茶技術的發展，但也不得不說是由於貢茶制度
的存在。正是因為當時皇帝的嘴實在是太刁了，喝上一口
就能嘗出茶的好壞，才讓各地官員為了討好逢迎皇帝，而
費盡心機地找好茶、種好茶，也才有了更多名茶的出現，

更發展出了鬥茶這種活動。

范仲淹在《和章岷從事鬥茶歌》中寫道：「北苑將期獻天子，林下雄豪先鬥美。」這裡說的就是每有新茶出產，在進貢給皇帝之前都要先拿出來鬥鬥，看看自己的茶品質怎麼樣，味道怎麼樣，有沒有進獻給皇上的資格。就連蘇東坡也感歎說：「君不見武夷溪邊粟粒芽，前丁後蔡相籠加。爭新買寵各出意，今年鬥品充官茶。」

這種鬥茶的活動，最初也只是在獻貢茶的地方才盛行，但實在是因為這種活動太符合宋朝人追求精緻生活的個性了，所以又一路流行，最後終於在其他地方也普及了。

當然，和在皇帝那爭寵相比，民間的鬥茶就沒有官方那麼重的火藥味了。《鬥茶記》記載：「政和二年三月壬戌，二三君子相與鬥茶於寄傲齋。予為取龍塘水烹之，而第其品。以某為上，某次之。」這個說的就是好友約在一起，每個人拿出自己家裡收藏的好茶，泡好之後，大家品鑑。

在這種鬥茶的形式裡，我們會發現，輸贏已經並不那麼重要了。這麼做，只是一幫志趣相投的小夥伴在開Party時自娛自樂的活動而已，也是一種聚會時的活動。

十、別以為喝茶是件容易的事

宋朝的泡茶法

在宋朝，平常百姓最常見的是團茶，有點類似於今天的餅茶。因此，宋朝泡茶的方式和我們今天泡咖啡比較像。

咖啡是要先把咖啡豆磨成咖啡粉才能泡。團茶也是，要在喝之前把茶餅烤製、碾碎。也就是說，剛剛製好的新團茶，要先用微小的火將茶餅烤乾，然後再用「飲茶六君子」工具中的茶碾把茶餅碾成粉末，再用絹羅過篩，這樣能夠讓茶粉更加細膩，所沖泡出來的茶也才會更好喝。

茶粉已經準備好了，接下來就是沖泡茶的水了，用宋朝時的術語來說，就是「候湯」。說白了就是等待水煮沸到適當的程度，而這正是決定泡一壺茶成敗的關鍵，正所謂「候湯最難，未熟則沫浮，過熟則茶沉」。因此，要想沖出茶香滿溢的茶水，必須要用燒得恰到好處的水才行。

其實，這也不是宋朝才開始的，早在唐朝，茶聖陸羽就已經說過，最適合煮茶的乃為「三沸水」：一沸，「沸如魚目，微有聲」；二沸，「緣邊如湧泉連珠」；三沸，「騰波鼓浪」。這就是告訴我們，水沸騰了三次之後，我們就要挑選一個合適的時機開始煮茶了。

如果沒能抓住這個合適的時機的話，再接下來就會「水

老，不可食也」。這些說的還是唐朝的事，而到了宋朝，對水的要求就更加嚴格了。在《鶴林玉露》中有過這樣的記載：「瀹茶之法，湯欲嫩而不欲老，蓋湯嫩則茶味甘，老則過苦矣。」這也就是說，寫這本書的人認為，水沸騰之後，要把燒水的器皿從火上拿開，等水不再沸騰了，才是最適合泡茶的溫度。

宋朝人喝茶就是講究到這麼細緻的程度。當然，如果是對水有要求也就算了，就連對燒水的炭人家都有要求，這就讓我們這些現代人不得不佩服得五體投地了。

宋朝人講究燒水的炭要「貴從活火發新泉」。在《採茶錄》中，是這樣提的：「茶須緩火炙，活火煎。活火，謂炭火之有焰者也。當使湯無妄沸，庶可養茶。始則魚目散布，微微有聲。中則四邊泉湧，累累連珠。終則騰波鼓浪，水氣全消，謂之老湯。三沸之法，非活火不能成也。」

看人家說得多明白，火還得是活火，燒火的炭上，還不能有什麼髒的東西，更不能拿木柴來充當炭，因為木柴的火力不好控制，而且燒著之後還有異味，容易汙了正在煮的好水。

好了，水終於燒開了，如果是我們現代人，可能就直接倒到茶壺裡沖泡茶水了，但這個時候千萬要打住這種想法，因為要是真的這麼做，那可就大錯特錯了，之前又是選柴，又是燒水的，那些功夫就全都白費了。在宋朝，水燒開了，並不意味著可以泡茶了。因為在泡茶之前，還要先「熁盞」，就是要先把喝茶的器具用開水燙一下，也就是我們現在常常說的「暖茶杯」，正所謂「冷則茶不浮」。

而喝茶的器具，也是大有講究的。那時候喝茶並不是用

茶碗，而是用盞。茶盞呈斗笠狀，是一種宋代非常盛行的器皿，尤其是黑釉盞，備受人們的喜愛。因為宋代人飲茶與現代人不同，茶葉需要經過反復蒸榨之後，再壓製成茶團或茶餅。飲用時先將茶團或茶餅烤乾、研磨成細末後再行沖泡，所以古人有「研茶」一詞。

在宋朝，因為「鬥茶」的流行，黑釉盞的盛行就變成了理所當然的事。因為茶餅已經被研磨成細細的粉末，再經過沸水的沖泡就會形成泛白色的細沫。而「鬥茶」最終就是看誰家的茶泡出來的白色泡沫最細最密，而這種黑色的茶盞則最適合用來映襯白色泡沫。

北宋蔡襄的《茶錄・論茶器》曾記載：「茶盞，茶色白，宜黑盞。建安所造者紺黑，紋如兔毫……最為要用。出他處者，或薄或色紫，不及也。其青白盞，鬥試家自不用。」而宋徽宗也說過：「盞以青綠為貴，兔毫為上」。這也算是應了名人效應，連皇上都這麼說了，那普通百姓不用這種還用什麼呢，因此，喝茶用什麼盞，宋朝皇帝的一句話也就給這件事一錘定音了。

既然當年這個玩意兒這麼熱門，那一定是要大量生產的了。因此宋朝燒瓷器的窯都會製作這種黑釉的茶盞。當然，還是以建窯的黑釉盞最好，其次當數吉州窯、均窯和林汝窯燒製的黑釉盞了。吉州窯除了燒製黑釉器物外，還燒造醬釉、青釉、白釉、紅綠彩等產品，並以樹葉紋、剪紙紋、彩繪紋、剔釉、玳瑁釉等，其獨特的裝飾技法在宋代瓷窯中獨樹一幟。

而黑釉盞的種類按照釉面的發色窯變還可以分為兔毫盞、油滴釉（鷓鴣斑）、曜變釉、冰花紋釉、芝麻花釉、

龜裂紋釉、醬褐釉等等。正是「老龍團，真鳳髓，點將來兔毫盞裡」「蟹眼煎成聲未老，兔毛傾看色尤宜」。好茶都得點到一個配得上它的好盞裡，才能夠顯出茶的檔次來不是嗎？

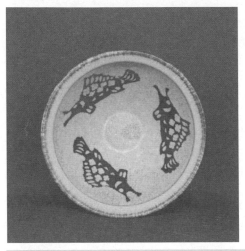

△宋代吉州窯建盞三魚茶盞。好茶當然也要配上好茶具，一套好的茶具可以微妙地影響飲茶人的心境。

　　水燒好了，器具也都準備好了，這回我們終於可以進入正式的喝茶步驟了，就是要開始點茶了。點茶在宋朝是相當流行的，上到天子高官，下到平民百姓，可以說是無一不會，無一不愛。但是要點一盞好茶可不是那麼容易，必須遵循以下原則：

　　第一，要嚴格選茶。茶取青白色，不取黃白色；取自然芳香者，不取添加香料者。這一道程式相當於評審茶樣。

　　第二，是對成品茶進行炙烤碾羅等再加工。為了防止團

茶在存放時吸潮而減少香氣，除了精心藏茶之外，在飲用前還要進行炙烤以激發香氣。這一步驟近似現代西南茶俗中的烤茶。碾與羅是沖泡茶末的特殊要求，操作也有訣竅：碾茶，先用淨紙密裹捶碎，然後熟碾；羅茶，篩眼宜細不宜粗。然後才進入點湯程式。點湯要控制茶湯與茶末的比例，投茶與注水的順序，燒水的溫度，茶盞的質地顏色，以及擊拂的手法。

點茶的第一步，是將茶末配以適量的開水，調製成膏狀，然後用湯瓶沖點，一邊沖點，一邊要用竹製的茶筅或銀製的茶匙在茶盞中來回地畫著圈攪動，用術語來說就是「擊拂」。這麼做的時候，會使茶湯的表面泛起一層泡沫，叫作沫餑。

前面我們一直在說鬥茶，這個點茶可以說就是決定鬥茶輸贏的關鍵。因為決定鬥茶勝負的，一是湯色，二是湯花。湯花是指湯面泛起的泡沫，也就是我們剛剛說到的沫餑。決定湯花的優劣也有二條標準：第一是湯花的色澤，以鮮白為上；第二是湯花泛起後，水痕出現的早晚——早者為負，晚者為勝。

如果茶末研碾細膩，點湯、擊拂恰到好處，湯花勻細，好像「冷粥面」，就可以緊咬盞沿，久聚不散。「以水痕先者為負，耐久者為勝」。這就是所謂的「湯發雲腴釅白，盞浮花乳輕圓」「湯嫩水清花不散」。這種最佳效果，被人們稱為「咬盞」。反之，湯花泛起，不能咬盞，會很快散開。湯花一散，湯與盞相接的地方就露出「水痕」。

當然，光看沫子，就來斷定誰的茶好，誰的茶不好，這是不科學的，還要看泡出的茶湯顏色才行。這就是我們接

下來要說的湯色，即茶水的顏色。

我們認為「茶色貴白」「以青白勝黃白」，也就是說以純白為上，青白、灰白、黃白，則等而下之。色純白，表示茶質鮮嫩，蒸時火候恰到好處；色偏青，表明蒸時火候不足；色泛灰，是蒸時火候太老；色泛黃，則採製不及時；色泛紅，是烘焙火候過了頭。

大家可能還有一樣東西不知道，就是現在很多「吃貨」追捧得不亦樂乎的，據說起源於日本的「抹茶」，其實正是沫餑。所謂「抹茶」的起源地，真真正正是中國啊。

抹茶源於中國，興起於唐朝，鼎盛於宋朝。早在唐代，人們就發明了蒸青散茶（碾茶），還審定了評茶色香味的方法，茶也就此成為人們不可或缺的日常飲料。清朝茹敦和在《越言釋》中說：「古者茶必有點，其碾茶（抹茶）為撮泡茶，必擇一二佳果點心，謂之點心，謂之點茶。」這裡所指的抹茶沖飲之道，即為唐宋年間的中國茶道，由此可見，中國抹茶已有悠久的歷史了。

但可惜的是自明代以來，卻不再流行抹茶了，而改用茶葉，沖泡喝湯，棄置茶渣。中國抹茶道遂告失傳。目前在世界上頗有盛名的日本茶道和日本抹茶，現已成為日本的國粹，引為國賓之禮，譽為日本之最。

沒想到我們的好東西在我們這裡消失殆盡，卻在與我們一衣帶水的鄰邦得到了繼承和發揚，不知道身為後人的我們，是該悲還是該喜呢？

十一、偶爾也得平易近人啊

宋朝百姓喝的茶

　　說完了皇上大臣，文人雅客的愛好，我們也該來說一說百姓都喝什麼了。宋朝的普通市民，早上起來就喜歡煎點湯茶，也就是類似食補的東西。

　　而這些湯茶裡放的不只是普通的茶葉，還會加入綠豆，麝香這些東西。因為宋朝人認為，茶葉的藥用功效和中藥是相當類似的，平時喝點更能延年益壽，養顏駐顏。

　　其實我們平時愛喝點茶，除了是真的喜歡茶之外，也是相中了茶葉的藥用功效，比如普洱能降血脂，綠茶能抗癌等。宋朝人也是這樣認為的，在他們的眼裡，喝茶不僅可以清熱去火，散瘀消食，還能明目解渴。

　　這是多好的飲料啊，既美味又養生，比我們今天喝的碳酸飲料好上不止百倍呢。因此，在宋朝人的心中，最好的飲料就是茶水了。

　　「一啜更能分幕府，定應知我俗人無」「啜多思爽都忘寐，吟苦更長了不知」「一日嘗一甌，六腑無昏邪」「一杯永日醒雙眼，草木英華信有神」。

　　這些詩句說的都是人們喝完茶之後，一整天都覺得很有精神。看看，不光有精神，還能寫出這種美好的句子來，

這可都是喝了茶的功效呢。

「十分調雪粉，一啜咽口津」「筠焙熟茶香，能醫病眼花」「列仙之儒瘠不腴，只有病渴同相如」「與療文園消渴病，還招楚客獨醒魂」，這些說的則是茶葉具有生津止渴，明目祛濕的功效，可以說是與藥不差分毫啊。

但我們最開始說的是，百姓喝的是湯茶，而沒說他們喝的是茶，這又是為什麼呢？

原來在宋朝，家裡來了客人，為了表示對客人的尊重，不只會端上茶給客人，還會端上湯來。不說平常百姓家，就連皇上賜賞給下屬的時候，也都是把茶和湯一起打包賜給手下大臣們的。

而如果是要召見大臣，則是在大臣坐下之後，先上茶，起身的時候再上湯，這些都是有講究的。但在普通百姓家裡，就沒有這麼多的說道了，是先上茶再上湯，還是先喝湯再喝茶，那還得看主人家有什麼樣的習慣，反正一切都是跟著喜好走，沒那麼多禮數和規矩。

既然提到湯了，我們就在這裡多說一句吧。宋朝的湯和我們今天喝的湯也並不一樣，並不是單純的湯，比如番茄雞蛋湯，排骨冬瓜湯這一類的，而是一種湯藥。主要有二陳湯、棗湯、生薑湯、荔枝圓肉湯、薄荷湯、木星湯、白梅湯、烏梅湯、桂花湯、香蘇湯、乾木瓜湯、縮砂湯、濕木瓜湯、豆蔻湯、破氣湯、玉真湯、益智湯、杏霜湯、胡椒湯、紫蘇湯和洞庭湯。

看看人家這些湯，別說喝，聽起來都十分陌生。要是有機會穿越回去，一定要想辦法喝上點這玩意兒，也不枉為一個「吃貨」了。

　　總之，我們現在其實已經遺失了老祖宗給我們留下來的很多寶貴遺產，但還有些人認為我們要比老祖宗更聰明、更先進。古人的智慧是無窮的，雖然我們現在在科技上比較先進，但要真論在吃喝玩樂上的追求，我們和古人相比，說不定還差上那麼一大截呢。

4.

想玩啥就玩啥

一、用剪紙和皮子來演戲？

宋朝的娛樂

　　除了之前我們說的那些之外，宋朝還有很多種類的娛樂活動，如果真要說起來，可能比我們今天熱鬧得多。哪像我們今天，除了看電視、上網、去KTV之外，就沒有什麼好玩的事情了。下面我們就一起來看看，假如生在宋朝，會有哪些娛樂活動吧。

　　影戲，也就是我們現在所說的皮影戲。原來，生活在北宋都城開封的手藝人們，都是用素紙剪成各式各樣的形狀，然後用來表演，那個時候還不是用皮子。後來，能工巧匠多了起來，材質也由紙變成了皮子，大部分都是用羊皮剪出形狀，再畫上油彩裝飾，這樣做起來耐損性很高，用多久都不容易損壞，不像紙做的，很容易就戳破了。

　　在南宋都城臨安表演影戲的名人有賈四郎、王升、王閏卿等人，這些人能夠熟練地表演影戲，還能夠邊表演，邊講故事。講的都是些什麼呢？無非就像那些說書的人，把民間或者歷史的東西編成話本，演成故事。

　　這些用皮子做成的人物，有忠有奸，忠者做成正派人的面貌，奸人則刻意醜化他，因此，只要從相貌上，就能夠分辨出影戲中人的好壞。

△宋朝《蕉石嬰戲圖》，北京故宮博物院藏。

　畫中描繪了宋朝時在庭院中的芭蕉樹旁，孩童玩耍的場景，其中最右邊的三個孩童在帳幃後做影戲人的表演。

二、真的不要再摔我了

宋朝的相撲

　　在宋朝，還有一種很流行的遊戲，就是相撲，又叫角抵，除此之外，還被叫作爭交。

　　說到相撲，大家肯定不會覺得陌生。雖然現在中國已經不流行這種運動了，但如果大家接觸過日本的文化，就會發現，相撲是日本的國技，很多日本人直到現在，都還很喜歡觀看相撲比賽，而且最強的相撲手還會被人當作偶像一樣去崇拜。

　　但大家恐怕沒想到，這種流行於日本的競技運動，其實是唐朝時從中國傳過去的。相撲在唐朝就已有之，並且十分流行，到了宋朝，相撲更是成為了一種類似娛樂活動的項目，和蹴鞠一樣，都是非常具有觀賞性的運動。

　　每當有宴會的時候，皇帝都會要人表演相撲。當然，那時候的相撲運動發展並不成形，也沒有專門受過相撲訓練的人，每當表演時，沒有專業的相撲運動員，怎麼辦呢？那就只好從那些當兵的人裡面挑選出來一些做表演者，充充名額。而這些表演的士兵，也就是常在電視劇裡看見的虎賁中郎將。

　　除了能夠出現在朝廷宴會之外，相撲表演在百姓聚集的

集市上也相當流行。當然，在集市上表演的人就不可能還是士兵了，比之今天，誰看過部隊的士兵們出來擺攤賣藝呢？所以說，那時候，市集上表演相撲的人，都是專門從事表演的閒散藝人。

這些人也沒有別的謀生本領，怎麼辦呢？通常，他們會找幾個和自己志趣相投的人，到集市上去表演相撲，便可以賺點小錢糊口。「先以女颭數對，打套子，令人觀睹，然後以膂力者爭交。護國寺南高峰露臺的爭交水準最高，須是技術高強，力大無窮，天下無敵者，方可奪其賞。如頭賞者，旗帳、銀盆、彩緞、錦襖、官令、馬匹而已，於景定年間，曾有溫州人韓福得勝，得頭賞，補軍佐之職。」這裡說的就是集市上表演相撲的情景。其實看看上面說的，我們就會發現，這些人掙得並不少，論待遇的話，恐怕比我們今天的運動員掙得還多呢。你看那些做得好的，也就是「頭賞者」，能得到諸如金銀、綢緞、馬匹甚至官銜，所以說收入還是頗豐的。

根據《夢粱錄》記載，當時在南宋的首都臨安城裡，有名的相撲手有很多，比如周急快、董急快、王急快、賽關索、赤毛、朱超、周忙憧、鄭伯大、鐵稍工韓通往、楊長腳等。這些名字，聽起來就威武霸氣是不是，但如果你以為相撲只是男人的專利，那可就大錯特錯了。在宋朝，也有女人玩相撲，比如囂三娘、黑四姐等，一群巾幗不讓鬚眉的女相撲手「俱瓦市諸郡爭勝以為雄偉爾」，由此也能見得相撲在宋朝流行範圍之廣。

說了這麼多，知道相撲的可能一看就明白了，但有些不熟悉這項運動的人可能還不知道這是一項什麼運動。那我

們在這裡就簡單扼要地給大家介紹一下吧。

△1000多年前，相撲堪稱宋代的國技，甚至有全國性的「相
撲錦標賽」，得勝者有獎金、獎盃。此外，瓦舍中還有商
業性的相撲表演。通常，比賽開始之前會先安排一段活色
生香的女相撲表演，以吸引觀眾。圖為清刻本《水滸全
傳》第七十四回《燕青智撲擎天柱》插圖。

　　雖然我們上面講到相撲是唐朝時傳到日本的，但從中國出土的文物中可以發現，早在西漢時期，就已經有相撲這種運動了。當然，那時候還不叫相撲，而且和現在的相撲還是有些區別的。那個時候應該叫「角抵」，這個我們在上面也提到過。

　　早在西漢初年，冀州（今河北）一帶流行著一種民間遊戲：人們戴著有角的面具互相比武、鬥力。這種既是競技又是表演的活動，被稱為「角抵」，又名「蚩尤戲」。《文獻通考》中記載：「蚩尤氏頭有角，與黃帝鬥，以角抵人，今冀州有樂名《蚩尤戲》。」將「角抵」與黃帝戰蚩尤的傳說聯繫起來，這就足以說明它的漫長歷史。而「角抵」這種遊戲真正專指相撲運動，是從宋朝開始的。

三、你能説就了不起啊！

講演和說書

　　今日有很多著名的說書藝人，但其實中國古代就有這種說書藝人了。他們那個時候的表演形式和今天也差不多，講的內容涵蓋廣泛，小說或者經史，都能拿來做說書的底本。但那個時候不叫說書，而是叫說話，看人家這名字取得多麼直接，不管你講什麼，都是說話。

　　這些說話藝人之間分工是很細的，而且各有師承。《東京夢華錄》中記載「說話者謂之舌辯，雖有四家數，各有門庭」，指的就是這個。這個和我們今天的曲藝類演員們也很相似，比如評書和單口相聲，這個就很不好區分，很多人都說這兩樣東西不是一樣嗎？當然不是！那麼，宋朝時的說話都說些什麼呢？我們就來看看。

　　那時有專門說小說的人。宋朝的小說又名銀字兒，內容可以說是包羅萬象，才子佳人、妖魔鬼怪或者公案傳奇等，都是可以拿來說的。

　　當時著名的藝人有譚談子、翁三郎、雍燕、王保義、陳良甫、陳郎婦、棗兒、余二郎等。這些人在臺上侃侃而談，和今天的說書藝人幾乎是一樣的。

　　宋朝還有專門講經書的人。這個其實也不陌生，我們小

時候看《西遊記》，裡面的唐三藏剛出場時就是在長安給大家講經的。

到了宋朝，也有專門講經的人，他們也算是「說話者」的一種，最有名的是寶庵、管庵、喜然和尚等。當然了，他們都是正經八百地講佛經，還有說諢經的人，也就是用通俗易懂的語言，詼諧搞笑地給大家講解經書的人，這其中最有名的要數戴忻庵。

△張擇端《清明上河圖》（局部）。圖中可見宋代的茶館是
　多麼熱鬧，講演和說話都在這裡。

有點類似於今天的百家講壇，宋朝也有講歷史的。那時候講的是《資治通鑑》、漢唐史書、文傳興廢、沙場爭戰之事等。那時候也有很多有名的講史人，比如戴書生、周

進士、張小娘子、宋小娘子、丘機山、徐宣教等，還有王六大夫，這些人都算是當時很有名的講史人。

根據《夢粱錄》記載：「王六大夫，元系御前供話，為幕士請給講，諸史俱通，於咸淳年間，敷演（編著）《複華篇》及《中興名將傳》，聽者紛紛，蓋講得字真不俗，記問淵源甚廣耳。」從這裡也能看出宋代說話的人不僅通古博今，更有著流利的口才。

四、別說你看過雜技

宋朝的雜技

宋朝的雜技表演，有一種叫作踢弄。這個踢弄裡包括了很多種雜技，比如上竿、打筋斗、踏蹺、打交輥、脫索、抱鑼、舞判、舞斫刀、舞蠻牌等。不說別的，單說這些名，你們聽過嗎？沒聽過吧！沒聽過還敢說你看過雜技？

在宋朝，每逢大赦時，官府都會立個竿，上面吊隻金雞，然後一群雜技人紛紛上竿去搶金雞。宋理宗在位時期，有兩家搶金雞很有名的人家，就是宋喜、常旺兩家。這兩家養了很多踢弄人，比如謝恩、張旺、宋寶歌、沈家強等多人，每當朝廷舉行大朝會，這些人常被召來，為大家表演。

同時，還有村子裡會點雜耍的人，帶著一家大小沿街賣藝，也是為了能夠養活自己。人家表演的技術那可都是真刀真搶的，而且高超得不得了。有踢瓶、弄碗、踢磬、踢缸、踢鐘，弄花錢、花鼓、花槌、踢筆墨、壁上睡、虛空掛香爐、弄毬子、拶築毬、弄斗、打硬、教蟲蟻、弄熊、藏人、燒火藏劍、吃針、射弩等諸多項目，這一堆眼花繚亂的雜技名稱，是不是讓人有種想穿越回去看看的衝動呢？

這些雜技到底有多神奇呢？我們可以來看一看。在《增補武林舊事》中曾記載道：「陶宗儀在杭州見一弄百禽者，

蓄龜七枚，大小凡七等，置龜幾上，擊鼓以使之，則第一等大者先至幾心伏定，第二等者進而登其背，直至第七等小者登第六等之背乃豎身，直伸其尾向上，宛如小塔狀，謂之烏龜疊塔。又見蓄蛤蟆九枚，先置一小墩於席中，其最大者踞坐之，餘八小者，左右對列，大者作一聲，眾亦作一聲，大者作數聲，眾亦作數聲，既而小者一一至大者前點首作聲如作禮狀而退，謂之蛤蟆說法。」這裡說的是馴龜和蛤蟆。

馴馬、馴獅子、馴大象這些我們都聽說過，也在電視上或者現場看過，可是馴龜和蛤蟆，你看到過嗎？讓烏龜一個個疊羅漢，讓蛤蟆輪流發出聲音，你說神奇不神奇？

除此之外，還有舞斫刀、蠻牌等武術表演，有的人甚至還將武術與舞相結合進行表演：只見兩人出陣對舞，如擊刺之狀，一人做奮擊之勢，一人作僵僕，出場凡五、七隊，或以槍對牌、劍對牌之類。

還有人舞七聖刀──這也是舞刀的一種──就是有七人，披著大長頭髮，身上紋滿了「帶魚」和「皮皮蝦」，有的穿著青紗短後衣，還有的圍著肚兜，就像《海賊王》裡索隆的那種肚兜。還有一個人，戴著金花小帽，手拿白旗。除了這個人以外，其餘人都戴著頭巾，手裡提著真刀，表演互相格鬥，擊刺，做破面、刺心的姿勢。還有人負責敲打一面小銅鑼，引來圍觀的人，他們或者頭上裹著頭巾，或者紮著雙髻，露著胳膊，圍著肚兜，用黃白色的粉末把自己的臉塗上，叫「抹蹌」。然後每個人手中拿木頭雕刻的刀，排成行列。等敲鑼的那個一指揮，就開始表演，兩兩出陣格鬥，做奮刀擊刺之態百端。還有一人棄刀在地，

就地翻滾，背部著地的時候一定要有聲響，叫作「板落」，
這是武術表演一類。

△白沙宋墓壁畫樂舞圖，河南禹縣出土。早在宋代，就已經
　有了雜技和樂舞。

　　北宋時將舞斫刀、蠻牌也冠以雜劇之名，說明北宋時雜
劇還沒有形成嚴格的概念，直到元朝才形成了正式風格的
雜劇。宋朝時還叫雜扮，也可以叫雜旺，又名紐元子，又
名技和，乃雜劇之散段。

五、多彩的民間遊藝

宋朝的民間遊戲

　　宋代的民間遊藝活動豐富多采，不僅供人們消遣娛樂，也可以健身益智。我們所說的遊藝活動，除了有體育方面的，還有文娛方面的，更有猜謎等智力活動。前面幾節已經講了很多，我們再來說說其他的。

　　宋朝人很喜歡進行射箭比賽，這種運動我們並不覺得陌生。很多古裝電視劇中，皇上總會用射箭比賽來考察自己的兒子平時有沒有用功習武。而在宋朝，射箭也會作為宴會上的表演項目，用以助興。當時有個叫陳堯諮的人，特別擅長這種運動，幾乎可以說是百發百中，世人都稱他是神箭手。

　　除了射箭以外，宋朝人還喜歡「競渡」，也就是划船比賽。在《宋史》中有這樣的記載：「淳化三年三月，幸金明池，命為競渡之戲，擲銀甌於波間，令人泅渡取之，因御船奏教坊樂，岸上都人縱觀者萬計。」這就是宋朝的競渡遊戲。

　　但其實說到賽船，我們也一樣不陌生。自從屈原投江後，幾乎每年的端午都會有賽龍舟。只不過到了宋朝，這項運動就發展成民間的一項娛樂活動了。《東京夢華錄》

中描寫了這樣的競渡情形：「有小舟，一軍校執一竿，上掛以錦彩銀碗之類，謂之『標竿』，插在近殿水中。又見旗招之，則兩行舟，鳴鼓並進，捷者得標，則山呼拜舞。」這麼看來，人家宋代人過得生活夠熱鬧啊，我們現代人大都忙於生計，誰有心情總是去賽龍舟？

宋朝人還喜歡打秋千。這個傳統遊戲想必大家小的時候都玩過，在中國的歷朝歷代都有很多女子喜歡玩。我們看宋詞的時候就會發現，常有女子打秋千的描寫，比如歐陽修《蝶戀花》中的「雨橫風狂三月暮，門掩黃昏，無計留春住。淚眼問花花不語，亂紅飛過秋千去」，而偉大女詞人李清照的詞中更是有很多類似的描寫。

下面要說的，就是曾經在中國輝煌一時的運動——圍棋。沒錯，中國圍棋能有今天的成就和我們自古以來就喜歡玩圍棋是分不開的。我們常常能看到電視劇裡皇帝和大臣一起下圍棋的情景。蘇東坡也寫有《觀棋》詩：「不聞人聲，時聞落子。紋枰坐對，誰究此味。」由此也能看出圍棋在宋朝是很受歡迎的。

釣魚也是宋朝人民喜歡的休閒活動。一個人，一支竿，獨坐江邊，那是一種不能為外人道的樂趣。雖然很多人無法理解釣魚的樂趣，但總會有人樂在其中。

在宋代，釣魚不僅僅在百姓中非常流行，即使在宮中，也有很多喜歡釣魚的人士。李燾在《續資治通鑑長編》中寫過一個有關於釣魚的故事：

有一天，皇帝帶著一幫人去釣魚。別以為跟皇上釣魚是好事，在皇上還沒釣上來之前，你就釣到了，怎麼辦？拉還是不拉？傻瓜，當然是不拉啊，你想掉腦袋嗎？人家皇

上還沒釣到呢，就顯你能耐是吧？在宋朝，人家大臣都很聰明，即使有魚上鉤也不收竿，等皇上釣上來後，一幫在旁邊招呼的趕緊用網把魚接住，這個時候大臣才能把自己的魚拉上來。你說，在宋朝當個官容易嗎？

說到釣魚這種風雅的事，我們還得講個更風雅的事，就是放風箏。現在由於城市內開闊的地方比較少，放風箏早就成為了一種奢侈的行為，很多文藝青年男女倒是會去郊外放放風箏什麼的，但把它作為日常的遊戲，幾乎是不可能。

然而，春日放風箏其實是中國古老的習俗。古代人稱風箏為紙鳶，到了宋朝，才改叫風箏。南宋詞人劉辰翁在他的《水龍吟·和清江李侯士弘來壽》中就寫過：「是處風箏，滿城畫錦，兒郎俊偉。」所以說，在宋代，想放個風箏還是很方便的，在臨安城中就有專門賣風箏的地方。假如真有一天穿越回去了，你也可以邀上三、五友人去放風箏。

越是看宋朝的史料，筆者越發現，現代的很多東西，宋代早已經有了。除了上面說的那些之外，還有我們現在也喜歡玩的小物件，毽子。

在宋朝，還不是這個毽，而是寫作鞬子。和今天一樣，這個東西是宋朝城市小攤上最常見的物件。《增補武林舊事》中曾記述在南宋的都城臨安，也就是現在的杭州市場上有賣毽子的事情。

現在如果說什麼娛樂活動最熱門的話，恐怕大家都會想到廣場舞。在宋朝，其實也有廣場舞，當然，人家不像現在的大媽這麼擾民。那個時候大家都喜歡踏歌，就是幾人手挽手，足踏地，一同唱歌。這不只是娛樂方式，還滲入到節日慶典活動中。

　　還記得小時候撿樹葉，然後用樹葉梗來勒，看誰撿的樹葉梗堅韌的事情嗎？在筆者的家鄉，這種遊戲叫「勒皮狗」，不知道別的地方是不是也是同樣的叫法。而在宋朝，有一種叫「鬥草」的活動，是中國古代婦女兒童喜歡的一種遊戲，春夏草長的時候，各取草若干種，以吉利草名相賭鬥。

　　雖然不知道這個「鬥草」和「勒皮狗」是不是相同，但都是用植物來做娛樂活動的主體。宋代鬥草風氣很盛，因此宋詞中反映鬥草的詞作也較多。最著名的如晏殊《破陣子》：「疑怪昨宵春夢好，原是今朝鬥草贏。笑從雙臉生。」

　　其實最讓人覺得有意思的，還要數鬥蟋蟀，這在宋朝是風靡全國。《西湖老人繁勝錄》中記載說，宋代人弄蟋蟀、鬥蟋蟀成風，幾乎每天早晨，都有三五十夥人聚在一起鬥。因為鬥蟋蟀的盛行，很多農村的村民就捉蟋蟀到城裡去賣，要是連著贏好多個人的蟋蟀，他的這隻蟋蟀就能賣上個好價錢，一般是一兩貫錢的樣子。如果蟋蟀的個頭夠大，更能鬥勝，便能賣個兩三兩銀子。夏天到了，天天都是這樣，直到九月左右蟋蟀沒有了的時候，這項遊樂活動才停止。

　　和我們今天在電視上會看到猜物件的綜藝節目很類似，在宋朝有一種叫作「覆射」的遊戲，就是將某種物品置於容器中，由主持人作一小詩賦此物，然後由別人來猜，若猜對即算勝出。

　　《宋朝事實類苑》中記載：「丁文杲司天監承，無他學，惟善覆射。太宗時以為娛，一日置一物器中，令射之，杲乃課其經曰：『花花華華，山中採花。雖無官職，一日兩衙。』啟之，乃數隻蜂也。又令壽王邸取一物，令射之，

杲曰：『有頭有足，不石不玉。欲要縮頭，不能入腹。』
啟之，乃壓書石龜也。即日賜緋，並錢五萬。」從上面的
記載來看，這覆射也真是頗為流行，連皇上都喜歡帶著大
臣們一起玩。

△宋代瓷枕。蟋蟀，又叫促織。鬥蟋蟀是宋代風靡全國的一
　種遊戲，賈似道還著有《促織經》。

六、大家一起來看海

宋朝的觀潮娛樂

　　錢塘江大潮不管在什麼年代，都很受人關注。每年去趕大潮的人都不在少數，宋朝也是如此。每年的八月，浙江錢塘江的潮水就開始上漲，看過的人都知道那有多麼壯觀。

　　由於現在交通便利，人們的生活變得越來越好，都喜歡出門旅遊，到錢塘江觀潮也就不是什麼難事了。但在宋朝，由於種種限制，到錢塘江去觀潮並不是件容易的事情。也就只有浙江，特別是臨安的人有對這種事情抱有極大的興趣。

　　從宋朝開始，臨安人就有弄潮之俗。觀潮、弄潮可以說是當地最熱鬧的活動，特別是在南宋定都臨安，也就是今天的杭州之後，皇上和眾大臣們，更是喜歡前往錢塘江觀潮。你想啊，連皇上都喜歡做的事情，當然很快就能在民間風行起來了。

　　從既望，也就是每月的十五到十八日，可以說是錢塘江潮水最為壯觀的時候，如果你想去看，一定要選在十六到十八日之間去看，否則即使去了，也見不到最引人入勝的景象。

　　《夢粱錄》中就有相關的記載：「八月內，潮怒勝於常時，都人自十一日起，便有觀者，至十六、十八日傾城而

出，車馬紛紛，十八日最為繁盛，二十日則少稀矣。」在《增補武林舊事》中，是這麼描述當時錢塘江的潮景的：「方其遠出海門，僅如銀線，既而漸近，則玉城雪嶺際天而來。大聲如雷霆，震撼激射，吞天沃日，勢極雄豪。」蘇東坡也有詩云：「欲識潮頭高幾許，越山渾在浪花中。」臨安城中擁擠不堪，每到八月中旬，自廟子頭直至六和塔，家家樓屋盡為貴戚內侍等雇賃當作看位。

　　有些沒觀過潮的人恐怕會想，這潮水有什麼好看的？難道一條江的潮水會比大海的潮起潮落還壯觀？其實，觀江潮和觀海潮是不同的，特別是在宋朝。根據史料記載，觀江潮，一是觀潮水之壯觀，二是觀杭人弄潮，三是觀水軍的訓練。

　　臨安人喜歡弄潮，可以說，弄潮體現了臨安人向大自然挑戰的精神，十分令人神往。《武林舊事》記載：「吳兒善泅者數百，皆披髮紋身，手持十幅大彩旗，爭先鼓勇，溯迎而上，出沒於鯨波萬仞中，騰身百變，而旗尾略不沾濕，以此誇能。」看看人家，多威武霸氣，在潮水中揮舞大旗且旗尾都不會濕。

　　而關於弄潮的記載，《夢粱錄》的記述則更為詳細：「以大彩旗或小清涼傘，紅綠小傘兒，各繫繡色緞子滿竿，伺潮出海門，百十為群，執旗泅水上，以迓子胥弄潮之戲或有手腳執五小旗浮潮頭而戲弄。」

　　潘閬在他的《酒泉子》詞中寫道：「弄潮兒向濤頭立，手把紅旗旗不濕。」每年的八月十八，都是帥府檢閱水軍的日子。帶兵的將領會把水軍領到錢塘江，然後在江水裡排兵布陣。在還沒漲潮的時候，就帶著各種船隻，分列於

兩岸。一會分開，一會合攏。展開一百面旗子，在水裡翻騰，前面有人引導，後面有將官在水面上行走，如履平地。再看，突然狼煙四起，水爆轟震，聲如崩山，煙消波靜，則一舸無跡，僅有敵舟為火所焚，隨波而逝。

　　其實，不管是弄潮也好，練兵也罷，最熱鬧還是要數皇上來觀潮的時候。

△李嵩《月夜看潮圖》，絹本設色，縱22.3公分，橫22公分，臺北故宮博物院藏。宋人熱衷於觀潮，不少文人墨客都留下了精采的詩句和文章。

　　《增補武林舊事》記載：「禁中觀潮於天開圖畫，高臺下瞰，如在指掌，都民遙瞻黃傘、雉扇於九霄之上。」淳熙十年（1183年）八月十八，皇帝前去觀潮。參加檢閱的

有澉浦金山水軍五千，臨安水軍及防江水軍。

西興、龍山兩岸艦船千隻，弄旗，列陣，舞刀，放煙火，最後只見軍儀整肅，水軍向皇上敬禮奏喏，聲如雷震。民間弄水能手百餘人，手持彩旗，踏浪爭雄，直至海門迎潮。又有踏滾木的，表演水傀儡的，表演水中百戲的，各呈技藝，其日並有文官作詩詞。兩宮賞賜無限，至月上始還。那天帥司備牲禮，草履，沙木板，於潮來的時候，祭於江中，官民多把經文投於江內，向江神祝告。

也就是說皇上在八月十八這天來錢塘江觀潮了。他這觀潮和老百姓觀潮可不一樣，說是觀潮，其實也是對水軍進行檢閱。這些水軍和船隻在皇上面前進行各種表演，向皇上獻禮。同時還有民間的「弄潮兒」，也參與到表演當中。有演踏滾木的，有演水傀儡的，有演水中百戲的，反正是各憑本事。

當然，這都是武官的事，那文官怎麼辦啊？不能就乾看著，一點表現也沒有吧？為了在皇上面前表現一把，文官就會作些詩詞歌賦讓皇上看。這一天，大家都會得到很多賞賜。

時過境遷，當時的壯觀情景，我們現在已經不得見了，只能根據一些史書資料中的記載去回想當年的情景，對於我們現代人來說，真的是一件遺憾的事情。

不管怎麼說，宋朝都是一個會享受的朝代，會玩的朝代，如果你能穿越回去，一定要去看看這些好玩的事情，並親身參與其中，不然一定會後悔。

七、貓貓狗狗的天堂

宋代人的寵物情緣

　　如果你是一個「汪星人控」或「喵星人控」，在走了狗屎運可以穿越的時候，那一定要去宋代玩玩——那裡可以說是寵物愛好者的天堂。

　　宋代，封建經濟發展到了頂峰，資本主義萌芽已經出現（最新研究發現，中國的資本主義萌芽其實出現在宋代，而不是明代），人們，尤其是城郭裡的人們的生活，早已實現了溫飽。在這種條件下，養個貓貓狗狗的也很正常。

　　沒有了衣食之憂，宋人對寵物投入的熱情和愛心，相比於今天的我們有過之而無不及。經常可以看到網友們抱怨自己的老爸老媽對寵物比對自己好，但跟宋人一比，不過是小菜一碟。

八、加菲貓的幸福生活

宋朝的貓

　　先不說別的，我們就從現代人養的最普遍的寵物貓和狗說起。

　　談到宋朝，永遠避不開的一個人物就是包大人了。無論是在民間傳說中還是在歷史記載中，這位黑得透亮的大人永遠是當官者的楷模。而一提起他，「狸貓換太子」這個典型的案例怎麼也繞不開，因為其中牽扯到太多太多的皇室內情及皇家組織機構，無論是對文學創作還是歷史研究都頗有價值。因此，「喵星人」便有幸成為了本篇的敲門磚。

　　我們現在把愛貓如命的人稱為「貓奴」，宋朝也有這樣的人，不過不叫「貓奴」，而是叫「狸奴」。那時候大多是狸貓，比如「狸貓換太子」，所以得名。

　　還有一種叫法為「銜蟬奴」，人們常說「牡丹影晨嬉成畫，薄荷香中醉欲顛」，那時候的人們最喜歡的就是「喵星人」在屋前屋後，花草中間玩耍時候的可愛場景，因此，宋朝的詩文中也很常見到「喵星人」的身影。比如「雪貓戲撲風花影」「閒看貓暖眠氈褥」，想想，我們現在恐怕很難看到前一句說的那種景象了，後者倒是常見。今天我們居住的大多數都是高樓大廈，像「加菲貓」一樣，過著

家居生活的「喵星人」常常就是躺在人的腿上，或者在哪個暖和的地方睡上一天，醒了就有飯吃。

而前者，因為我們現在居住環境的限制，沒有那麼多的空地讓貓貓們遊玩，而一旦把貓扔出去，恐怕牠就找不到路回家，變成流浪貓了。所以，看著貓貓們在花叢中間嬉戲、遊玩，恐怕是現代的「貓奴」們最期待的。

當然，宋朝人喜歡養貓最重要的一個原因還是因為老鼠。不像現在這個貓比老鼠多的年代，那個時候因為缺少有效的滅鼠之策，老鼠過街的情形並不罕見。在沒有毒鼠強的宋代，怎麼治理這幫無法無天的耗子？當然是養老鼠的天敵——貓。

「白澤形容玉兔毛，紛紛鼠輩命難逃」「養得狸奴立戰功，將軍細柳有家風。一簞未厭魚餐薄，四壁當令鼠穴空」，這些詩句都是用來誇獎當時那些能幹的貓咪的。不管你是波斯貓還是短毛貓，在宋人眼裡管你黑貓還是白貓，能抓到耗子就是好貓。

對於文人來說，能抓耗子的貓更是寶貝。作為一個合格的文人，誰家裡的藏書都可謂是汗牛充棟，而對於齧齒動物來說，書這玩意可是磨牙的良品，比桌椅板凳好啃多了。書是文人的心頭好、家中寶，要是家裡有隻喜歡「用知識來武裝自己」的老鼠，那文人可就要抓狂了。沒辦法，只好養隻貓來保護那些珍貴的書籍。

「裹鹽迎得小狸奴，盡護山房萬卷書。」這句詩就是出自鼎鼎大名的愛國詩人陸游之手。要說這陸游，恐怕是宋朝人裡為貓作詩最多的，可見他是個徹徹底底的「喵星人控」。

△宋《冬日嬰戲圖》。
　圖中的孩童與狸貓描繪逼真，生趣盎然。

　　也正因為這樣，他曾經對自己家中不愛捉老鼠的「喵星
人」非常不滿。只愛吃魚不幹活，這可把陸游氣壞了，特
意寫了一首《嘲貓詩》：「俗言貓為虎舅，教虎百為，惟
不教上樹。又謂海師貓為天下第一。」當然，不知道他家
的貓後來有沒有幡然悔悟、痛改前非，只知道原來民間傳
說中貓是老虎之師的說法，竟然是出自於陸大人的詩。
　　除了陸游，還有梅堯臣的「自有五白貓，鼠不侵我書」
這樣的名句，由此也可知貓在宋代文人心中的地位那還是

相當高的。

當然，除了捕鼠外，宋人養貓的另一個目的和我們今天頗為相似，那就是把貓作為觀賞寵物或者是獨居人士為了排遣心靈寂寞的伴侶。《金瓶梅》第五十四回中寫道：西門慶聽罷，笑將起來道：「學生也不是吃白藥的。近日有個笑話兒講得好：有一人說道：『人家貓兒若是犯了癲的病，把烏藥買來，餵他吃了就好了。』旁邊有一人問：『若是狗兒有病，還吃什麼藥？』那人應聲道：『吃白藥，吃白藥。』可知道白藥是狗吃的哩！」貓生病了馬上給吃藥，可見對其有多麼重視。

要說那時候的愛貓人士，絕對比我們今天大多數人敬業得多，雖然沒有貓糧可以買，但頓頓魚肉卻是不可或缺的。有首詩這樣寫道：「但思魚饜足，不顧鼠縱橫。」這也是一幫把貓當成捕鼠工具的人看到貓只顧享受吃喝玩樂，而不思捕鼠恨鐵不成鋼的心態。從側面也可以看出，貓在家中的地位恐怕遠在主人之上了。

本是老鼠的天敵，卻畏鼠如虎，何故？答案很簡單：慣的。

平日裡只需要賣賣萌、撒撒嬌，好吃好喝就送到眼皮子底下，過著這種日子，誰還要忙前跑後地逮老鼠。所以，那時候就出現了打著會捉老鼠的旗號來騙吃騙喝的貓，完全是在消費祖宗積下來的德。

當然，要是牠們再聰明一點，學會分享的話，那麼耗子們也不會偷雞摸狗地到處找吃食了——跟「喵星人」一個盆子裡吃飯就完事了。大家都吃飽喝足，相安無事，主人那裡也可以完美地交差。

而陸游家的喵星人之所以「不顧鼠縱橫」，估計不外乎兩個原因：一是他看走眼了，光注意貓咪的可愛外表，而忽略了這隻貓是不是具有捕鼠的實用價值，或者乾脆就是養了一隻觀賞貓，當個樂子就完事；其二就是，原本這隻貓是會抓老鼠的，但因為陸游的經常表揚和每天大魚大肉的物質獎勵，使得這位大爺養尊處優慣了，進而失去了進取之心。作為萬物之靈的人猶如此，貓焉能例外？從以上這些例子中可以看出，養貓，絕對是宋朝的第一大時尚。

　　說到這，還有一個關於小貓走失的小案子。在田汝成的《西湖遊覽志》和陸游的《老學庵筆記》都記載了同一個故事：

　　秦檜的小孫女，大約六、七歲的樣子，特別喜歡跟貓咪在一起玩，於是養了一隻獅貓。某日不知何故，貓咪走丟了，報案至臨安府，發動兵吏全城搜尋，結果找到了數以百計的獅貓，但都不是不見的那隻。後來還給貓咪畫像百餘張，大做「尋貓啟事」，在茶坊、酒肆等熱鬧的地方四處張貼，不過最終也沒有找到。

　　這個故事說明，在當時的臨安，養貓是件極為時髦的事。因此，趙炎以為，陸游養貓，多半說明他也時尚，緊跟潮流，不做落伍之人。

　　當然，無論是會捕鼠的貓，還是不會捕鼠的貓，動則跳脫撲戲，靜則臥榻高眠，是牠們的天性，本身就是一道獨特的田園風景，喜愛牠們的人，自然覺得賞心悅目。比如南宋末方回有詩云：「貓生三子將逾月，臥看跳嬉亦一奇。」范成大詩曰：「閒看貓暖眠氈褥。」都是這種賞貓之動靜而感愉悅閒適的生動寫照。

　　既然貓咪這麼可愛，也就難怪南宋各階層的人爭相「供養」了。家中已經有貓的，就把貓當寶貝一樣疼愛，大魚大肉侍候著。」瞧這待遇，比一般老百姓的飲食強多了。

　　家中沒有貓咪的，就趕緊去買，買不到中意的，怎麼辦？就去向人要，人家也不能白給，你得準備一份豐厚的「聘禮」，以示對貓的看重。這還有相關的詩句呢：「秋來鼠輩欺貓死，窺甕翻盆攪夜眠。聞道狸奴將數子，買魚穿柳聘銜嬋。」這詩是說在那個時候，要是看中了誰家的「喵星人」，那可不是說要就要的。得先上街去買條大魚，然後穿上柳條，拎著魚到貓主人家裡，才能把「喵星人」帶回自己的家。

　　前面提到的陸游詩句「裹鹽迎得小狸奴」，這裡的「裹鹽」就指的是「聘禮」。顯然，陸游家的那隻狸奴，是先看中了然後跟人要來的。儘管北宋時蘇東坡極力主張「養貓以捕鼠，不可以無鼠而養不捕之貓」，但到了南宋，人們才不管牠們會不會捕鼠呢，只要牠們相貌可愛，會賣萌就行。《夢粱錄》就說：「貓，都人畜之，捕鼠。有長毛，白色者名曰『獅貓』，不能捕鼠，以為美觀，多府第貴官諸司人畜之，特見貴愛。」

　　好了，那些喜歡穿越的人可能一眼就看到商機了，那裡有這麼多人喜歡「喵星人」，我去開家「喵星人」用品店，那用不了多久就富可敵國了！

　　這樣做可就是小看宋人了。宋代的封建社會經濟發展至頂峰時期，宋人的經濟頭腦不比現代人差。要知道，世界上第一則廣告就是蘇東坡做的。他們會放著這種有利可圖的買賣不做？那個時代，連洗臉用的水都專門在賣的，更

何況是小小的寵物用品呢？

　　跟今天一樣，有需求就有市場，南宋時在臨安有「貓市一條街」。可愛的貓咪讓許多小生意人發了大財，他們當中有專門販賣貓的，也有提供跟貓有關的商品和服務的，應有盡有，相當全面。

△宋《富貴花狸》。
　宋人愛貓，其筆下花與狸貓的搭配竟也有著奇異的美感。

　　周密在《武林舊事》中詳細記錄了臨安「貓市」的盛況，經營項目有「貓窩、貓魚、賣貓兒、改貓犬」等。「貓窩」是給貓住的房子，「貓魚」就是貓吃的食物，「改貓犬」則是給貓打扮、美容。總之，貓的住、吃、穿等等服務都有了。

更有甚者，由於「貓業」經濟的發展，個中隱藏的巨大商業利潤，還帶來了一陣造假風。據洪邁《夷堅志》記載，南宋臨安已經出現有人把白貓染成紅色、高價販賣騙取錢財的情況，你看，那時候就已經有這種頭腦了，你說要我們這些想穿越回去的人上哪找活路去啊？

△宋《戲貓圖》（局部）。
圖中眾貓正在忘情地嬉戲，十分可愛。

九、左牽黃，右擎蒼

宋朝的狗

　　說完了貓，就不能不說到貓的歡喜冤家——狗。作為人類最忠實的夥伴，狗這種動物在茹毛飲血的原始社會，就開始陪伴在人類身邊。

　　相對於貓來說，狗更能受到人們的喜愛。不只是因為牠們喜歡親近人的習性，能和「喵星人」一樣可以賣萌，更因為牠們給人們的生活帶來的便利要比貓實用得多。

　　宋代養狗的人可比我們現代還要多，幾乎家家都有隻狗。那時候不像現在，對住大樓、公寓的人，要確定大樓管委會是否允許養狗，而租屋的人也要徵求房東的同意，才可以開始準備養狗的事情。宋代是「不知林下人家密，倚杖忽聞雞犬聲」「稻穗堆場穀滿車，家家雞犬更桑麻」。

　　根據《襄陽守城錄》記載：「各家所養之犬，在城外百十為群，有數千隻，每遇夜出兵攻劫虜人營寨，則群犬爭吠。」這也能看出那時候的養狗數量是有多麼可觀。

　　現代人養狗，除了農村地區，需要用狗來看家護院外，基本上都是圈養，宋人也是如此。

　　作為追求精緻生活的時尚宋人，在養狗這件事上要是馬馬虎虎的話，可就太對不起「時尚」二字了。所以，那時

候就出現了專門的養犬「教材」：在《宋史‧藝文志》中摘錄了《相犬經》一書，而且還單獨占用了一卷的篇幅，可見那時候的人對養狗是相當重視的。

說起來，這本書在當時的流行程度來，不亞於今日專門刊登寵物類的雜誌，要不也不可能在

《宋史》中占有一席之地了。不過令人遺憾的是，經過千餘年的風雨，《相犬經》一書已是杳如黃鶴，不知道還有沒有全本，即使是殘本也好，在哪個王公大臣的陵寢裡沉睡。要是能夠發現這本書，現在的「汪星人」愛好者們，就可以隔著時空與老祖宗探討一下養狗的經驗了。

△宋《秋葵犬蝶圖》，絹本設色，縱24.5公分，橫24.4公分，中國遼寧省博物館藏。

畫中花園鮮花盛開，一隻小狗雀躍，似乎想捕捉空中飛行的蝴蝶。

但比起貓來，狗在宋代的地位就顯得很一般了。因為那時候的狗大部分是功能犬，用來看家護院狩獵；而貓憑藉著嬌小可愛的外形，善於賣萌耍賴的個性，就能過上好日子，比起要靠賣力甚至是冒死維生的狗，日子要舒服多了。只有一小部分，體形比較小巧，看起來乖巧可愛的小「汪星人」可以有幸得到這樣的待遇。就像魏泰的《東軒筆錄》中所記載的，台官（御史台官員）宋禧上言：「蜀有羅江狗，赤而尾小，其傲如神。願養此狗於掖庭，以警倉猝。」由此可見，羅江犬（北京犬）在當時是非常出名的一種看家犬種，就連御史大人都會給皇上諫言，要皇上養幾隻羅江犬來看家護院。

　　說到帶狗打獵，這恐怕是很多古時候養狗人最初養狗的想法。縱觀國內外，很多有名的犬種都是獵犬，可見狩獵是狗的一種實用功能。蘇東坡曾言：「老夫聊發少年狂，左牽黃，右擎蒼。」這裡的牽黃，指的是「大黃」，也就是一種獵犬。這種狗體形矯健，善於捕獵，可以說是最適合做狩獵犬的品種。

　　那個給「喵星人」寫過詩的梅堯臣，也一視同仁地給「汪星人」作詞曰：「常隨輕騎獵，不獨朱門守望。鷹前任指蹤，雪下還狂走。」賀鑄也寫詞讚美過「汪星人」，說「間呼鷹嗾犬，白羽摘雕弓，狡穴俄穴，樂匆匆」。這裡都可以看出來，對於那些愛好狩獵的人來說，「汪星人」絕對是「最佳拍檔」。

　　狗狗有著這麼多的實用功能，受到的待遇卻完全不能和那些「混吃等死」的「喵星人」相比，很多愛犬人士跳出來為牠們打抱不平，說：「飯貓奉魚肉，憐惜同寢處。飼

犬雜糧糠，呵斥出庭戶。犬行常低循，貓坐輒箕踞。愛憎了不同，拘肆固其所。虛堂夜搜攪，忽報犬得鼠。問貓爾何之，翻甕竊醢脯。犬雖出位終愛主，貓兮素餐烏用汝。」

看看給宋代的「汪星人控」氣的：這分明是對狗的不公平對待啊。你說那些懶貓，又有吃又有喝的；狗狗吃不好睡不好，還讓人呼來喚去，換了誰誰也受不了。但狗狗卻「不嫌家貧」並不在意自己的待遇，而且還永遠以主人的喜好為標準。看來，無論在什麼朝代，狗狗都是「忠誠」二字的代言人。

十、馬戲團？

宋朝的飛禽走獸

　　要說宋朝在皇宮裡養養大象啊，普通百姓家或者富貴人家養隻貓或者狗，抑或養魚，都沒什麼可奇怪的，畢竟是我們現在也很常見的動物。

　　就連大象這種動物，在東南亞的一些國家，有錢人現在也會在家裡養一隻玩玩，這都是很平常的。但人家宋朝人可不只養這些，人家還會養野獸。你沒看錯，就是野獸。獅子、老虎，反正是能吃人的動物，統統都可以稱為野獸。

　　這麼危險的動物，人家宋朝人可是敢放在自己家裡養著玩的。放到現在？就算你冒著被吃的危險敢養，街坊四鄰也不可能讓你養啊，所以，單就這點上來說，我們對宋朝人，還真就只有羨慕加嫉妒的份了。

　　李覯在《富國策》中指出：「今也里巷之中，鼓吹無節，歌舞相樂，倡優擾雜，角抵之戲，木棋革鞠，養玩鳥獸。」而這裡所說的鳥獸，就包括了很多大型的猛獸類。為什麼這麼說呢？我們接著往下來看。

　　歐陽修的《歸田錄》中，關於北宋首都開封裡的熱鬧景象是這麼描述的：「相國寺前，熊翻筋斗。」看看人家，在那個時候就有馬戲看了。這「熊翻筋斗」，不就是馬戲

團的常規節目嗎？可見宋朝的百姓有多會生活。

劉筠的《大酺賦》裡也有相關的記載：「誰謂乎狼子野心，而熊羆可擾？誰謂乎以強凌弱，而貓鼠同育？斯固藝之下者，亦可以娛情而悅目。」這是在說馬戲團的熊大家都喜歡，在人的馴化下，已經不會對百姓造成傷害了，而且還能表演各種雜耍，可以說是多才多藝，北宋都城的百姓對牠們的喜愛幾乎已經到了「人見人愛，花見花開」的程度了。

也許是因為太喜歡了吧，所以關於熊這種動物，宋人寫過很多與之有關的文章。宋祁在自己的文章《舞熊說》中寫道：「晉（山西）有蘭子者，獲二孺熊於太行山，而飲食之，能得其欲。教為蹲舞之技，以丐市中。先開迴場，震之嚴鼓，市人項背山立。俄以巨梃鞭熊，應手皆舞。蹊跦騰踴，悉中音節。伎殫曲闌，蘭子放梃四顧，躊躇滿志，人爭投錢與之。既而自負其能，數與優角。」

看著沒？宋朝人這馬戲玩得那也算是相當厲害了，那個時候馴養的熊就能跟著音樂的節拍跳舞，而且人家還不會踩錯點的，你說這是熊厲害呢？還是馴熊人厲害呢？當然了，這些熊可不只是會跳舞，人家還會玩相撲。這可是在《西湖老人繁勝錄》中有過記載的，裡面說「教熊使棒相撲」。

臨安城中，有些人是專門靠馴養熊表演為生的，在耐得翁的《都城紀勝》中提過有「弄熊」這一行業。話說，南宋的時候，在臨安，也就是現在的杭州，有一個很有名的藝人。這人是以什麼技藝出名的呢？就是馴養熊。

△宋代磁州窯的馴熊圖瓷枕。由此可見,馴熊已經成為宋代
　一種市井娛樂方式。

　　這個人叫李三。李三這個名字挺普通的,也不知道是真
名,還是藝名,反正人家就叫李三。這個李三,就是靠著
馴養熊來賺錢養家,在臨安城裡也算是小有名氣了。由此
也可以知道,不管是北宋還是南宋,不管是開封還是臨安,
都有靠這行吃飯的人。這就是周密在《武林舊事》中提到
的「諸色伎藝人」之一。

△北宋著名畫家李龍眠筆下的虎,千載之下猶有生氣。

十一、要玩走鋼絲嗎？

馴獸

　　我們看現在的馬戲團也不能光只讓熊表演是吧，人家宋人也知道這一點，光有熊表演的馬戲團不叫馬戲團，那也太單一了，看幾次就有不愛看的人了。那怎麼辦呢？這真就不需要我們操心，宋人可聰明著呢，因為他們不只馴養熊，還馴養獅子、老虎等猛獸為百姓表演。

　　「吞刀璀璨，吐火熒煌。或敲氣而為霧，或叱石而成羊，文豹左拿兮右攫，玄珠倏耀兮忽藏。」這是宋朝一個叫劉筠的人寫的《大酺賦》。這裡主要描述了北宋都城開封城裡，有一些人會朝廷魔術表演，表演的內容很豐富。其中的「文豹左拿兮右攫」就是指用金錢豹來表演魔術。

　　在孟元老的《東京夢華錄》中還記載了開封城裡獅子、豹子的表演：「鼓笛舉一紅巾者弄大旗，次獅豹入場，坐作進退、奮迅舉止。」

　　宋祁的《百獸率舞賦》中有一章「和樂之極，生類馴感」，這裡說的是：「物有異類，天含至和。嘉率獸之屢舞，見大《韶》之可歌。綏之斯來，化雄心於攫搏；逼而不懼，蹈餘韻以婆娑。稽古有虞，命夔典樂。奮德輝之溥大，鼓頌聲以優渥。蠢爾群動，居然後覺。爾乃拊樂石之

槍槍，感毛群之濯濯。德音是蹈，非狼子之野心；應節孔
馴，異羝羊之羸角。驕仁麟厚之儔，或群或友；虎躍熊經
之態，乍合乍離。樂簪協恭，獸臣動色。」正如宋人無名
氏的某首詞中說的那樣：「把獅子擒來變作牛。」所有這
些，都讓我們這些生活在現代的人大開眼界。原來宋朝人
可以有這麼豐富的娛樂生活啊！我們現在想看這種表演是
很不容易的。動物園也只是觀賞動物的地方，很少會有馬
戲表演，海洋館有海豹表演，但這與宋人比起來，不知道
是變先進了，還是落後了。

　　宋代的馴獸水準真的是很高超的，藝人們不只在都城的
大街上表演，還會表演節目給皇帝、大臣、有錢人看，而
這裡就有馴虎了。李長民《廣汴都賦》記載開封城：「太
平既久，民俗熙熙。觀夫仙倡效技，侲童逞材，或尋橦走
索，舞豹戲羆。」據我們今天的考證，這「舞豹戲羆」就
是讓那些野獸聽話，遵照馴獸師的指示。老虎、豹子能夠
跳舞，熊能表演，這可以說是馴獸的最高境界了。

　　《西湖老人繁勝錄》中記載臨安城有「懸絲獅豹」這個
表演項目，說到這個表演項目，我們今天可能只能在電視
上看到了。那麼這個表演項目，到底是以一種什麼樣的形
式來讓動物表演呢？說白了就是讓獅子、豹子這些野獸表
演走鋼絲。

　　要說人走個鋼絲不算什麼，讓小貓、小狗走，也不算什
麼，但是讓那麼重、那麼大的動物，從鋼絲的這邊走到那
邊，萬一這些動物一生氣，可不是說「撂挑子」不幹這麼
簡單的，那可能會出人命。所以，這也能看出宋朝這些馴
獸藝人的技藝真是達到一定的水準了。

　　《東京夢華錄》記載說：「諸禪寺各有齋會，惟開寶寺、仁王寺有獅子會。諸僧皆坐獅子上，做法事講說，遊人最盛。」咱們剛才說的是馴獸師，而宋朝不只馴獸師，就連和尚們都有能夠使野獸降服的絕技。

　　人家講法傳道都是騎在獅子身上的，話說這陣勢真是非比尋常啊。別說放在沒有電腦、電視的宋朝了，就算放在今天，肯定也有一大批人跑去看熱鬧，所以人家宋人還是很精明的，知道出奇制勝的道理，會用一些奇特的廣告效應來吸引人們的目光，以達到自己的目的。說起來，宋朝的都城可能比我們今天的北京都還要熱鬧許多。這五花八門的節目，實在是琳琅滿目，讓人目不暇給。

△南宋佚名《搜山圖》（局部）。畫中老虎神采非凡，刻劃生動形象，非凡手可及。

關於這方面的文章、書籍，在宋朝還有很多。我們只要上網查一查就會發現，宋朝人真的很會生活，很會娛樂。比如郭若虛在他的《圖畫見聞志》中記載說：「龍章，京兆櫟陽人……尤善畫虎。曾有貨藥人楊生檻中養一虎，章因就覗寫之，故畫虎最臻形似。」

　　劉道醇《聖朝名畫評》也有相關的記載：「（龍章）嘗游食於京師，時樂遊坊市藥人楊氏鎖活虎於肆，章熟視之命筆成於一揮，識者驚賞之。」這兩篇文章看起來都是在說同一件事，就是說在宋朝，有個賣藥的人養了隻老虎，而那個時候的畫家有機會對著活虎來畫畫，還真畫出了很多的名畫。不像某些人，要畫虎還得照著貓。這樣看來，宋朝的城市中，不只獅子、豹子、大象、狗熊常見，就連想見老虎也不是特別困難。

　　關於老虎，宋人有如下文學作品。釋原妙寫詩：「焦尾大蟲入鬧市。」黃庭堅寫詩：「市中有虎竟成疑。」汪襄在《捕虎行》詩中寫道：

　　獵夫鼓勇欲生擒，失利寧虞傷手足。
　　我令壯士八九輩，袒裼而往敢退縮。
　　持戈踴躍皆直前，不顧爪牙加牴觸。
　　於菟怒鬥力已困，白刃紛然刺其腹。
　　不施陷阱設羅網，須臾俄聞就縛束。
　　未逾半晝捷書來，撫掌驚嗟大神速。
　　百夫肩舁向城市，塞巷填街爭縱目。

　　而韓元吉在《市人有弄虎者兒輩請觀飼以豚蹄睹其攫噬戲作四絕句》中寫道：

　　眈眈出柙小於菟，猶意他年見畫圖。

養汝由來得無患，卻驚赤手競編鬃。

呀然一嘯朔風生，兒女窺簾笑且驚。

檻內應憐只搖尾，山中不記舊橫行。

長年肉食定何功，乞汝豚足且慰窮。

猿臂將軍應老矣，南山忽憶夜彎弓。

熒熒目色為生寒，蠻獠歌呼意自閒。

莫倚便能探虎穴，勢卑還長越王炎。

宋人到底是有多喜歡老虎啊，才會寫了這麼多有關牠們的詩。但說穿了，這也沒有什麼值得奇怪的，畢竟連貓和狗宋朝人都會作很多詩詞去誇讚或者吐槽，那就更何況是老虎這種大貓了。

為了顯示自己曾經在大城市看過老虎，還有人會把自己看老虎的這個過程畫成一幅畫。剛才我們也說了，人家宋人是照虎畫虎，是親眼見過虎為何物的，所以人家畫出來的畫，也是虎嘯生風。何夢桂的《和南山弟虎圖行》詩曰：「高堂突兀生崇岡，於菟眼電牙磨霜。古言市虎人不信，誰信挾一來座傍。眾犬僵僕兒輩走，猛士腰弩成蹶張。老翁卒見亦驚怪，便欲騎取參西皇。乾坤沴氣產尤物，誰為驅雷入神筆。」這首詩便能看出來我們前面說的「虎嘯生風」，也能說明宋朝的畫家畫的也是很好。

周密《癸辛雜識》記載：「趙南仲丞相溧陽私第常作圈，豢四虎於火藥庫之側。一日，焙藥火作，眾炮倏發，聲如震霆，地動屋傾，四虎悉斃，時盛傳以為駭異。」這裡講的是丞相趙南仲在溧陽有一座自己的豪宅。也許是自己的喜好，也許是為了看家護院，這個財大氣粗的丞相竟在自己家裡養了四隻老虎。現在一般大宅門前的石獅子簡

直弱爆了，人家宋人鎮宅用的都是真的老虎好不好？

李新詩曰：「四鄰遞陰風，隔壁嘯乳虎。」黃庭堅詩序曰：「養虎者，不以全物與之……養鷹者饑之：是謂觀其所養，盡物之性也。」這樣看起來，宋朝養虎的還真是大有人在。但養的人多了，也就會有一些專家跑出來建議大家不要養，鼓吹養虎有這樣那樣的不好，這種人什麼時候都是不缺乏的。

比如有個叫彭子翔的人，就寫了一首詩勸人不要養虎。這首詩的名字就叫《莫養虎》，詩文是這樣的：「莫養虎，飽則喜子饑則怒。莫養鷹，饑則附人飽颺去。鷹去但忘恩，虎怒將為冤。不如團飯養雞狗，狗能吠盜雞戒曉。」雖然說人家養不養虎跟這個叫彭子翔的人一點關係都沒有，但彭子翔也是出於一番好意，擔心養虎那些人的安危才寫出這麼首詩，而不是真的閒得沒事做寫這麼一首好玩的詩，也希望那些人能領情。

不過即使有人勸，該養的也還是會養，該馴的也還是會馴。淳藏王有詩曰：「幽巖靜坐來馴虎，古潤經行自狎鷗。」這還都是民間的人關於養虎的作品，而北宋官方還特意在《宣和畫譜》中記載了宋人趙邈齪以善畫虎出名。元人郝經《趙邈齪伏虎圖行》詩曰：「南山射虎曾得名，壁上忽見令我驚。何物敢爾來戶庭，屢叱不動仍生獰。」趙邈齪關於老虎的畫眾多，其作品就有《馴虎圖》。

這也說明了在任何時代，都有「走自己的路，讓別人去說吧！」的人。你說你的，我養我的，咱們井水不犯河水，你走你的陽關道，我過我的獨木橋。

十二、海洋動物園

宋朝的海洋生物

　　現在很多人一提起唐宋，總是喜歡說強唐弱宋，其實筆者對此是不太同意的。宋朝時中國的GDP占當時全世界的39％，可以說是中國在世界範圍內史上排名最高的時期了。與今天的排名相比，我們真沒資格說弱宋。

　　而也正因為如此，宋朝的經濟、文化都得到了空前的發展。不只陸上貿易豐富，海上貿易也在此時變得越來越繁榮。人們的社會娛樂活動變得多姿多彩，宋朝人的見識也隨著海外貿易的開展而變得越來越廣博，這其中就包括對一些海洋裡生物的認識。

　　要說我們今天想看海洋生物，除了在電視、網路上以外，還可以去水族館，但宋朝時可沒有這麼先進的設備，那麼宋朝人到底有沒有機會一睹海洋的呢？答案是肯定的，千萬別小看了宋朝人。那時候雖然軍事弱，但在經濟上，宋朝絕對算得上是「天朝」了。因此，人家宋朝人看點海洋生物那還真不是特別難。

　　王安石有一首詩說：「世人尚奇輕貨力，山珍海怪采掇今欲索。」這也說明宋朝人對於大海的探索已經有所發展了，很多人都能透過捕魚業的發展吃到一些海鮮什麼的。

這從宋朝一些文學家的詩作中也能看出一二。比如汪元量的詩：「呼兒斫海鯨，新篘酒盈壺。」楊萬里的詩：「金盤玉箸鯨魚膾。」

在宋朝的城市中有一個娛樂場所，叫瓦舍。說到瓦舍這個詞，可能有人覺得陌生，但愛聽相聲的人一定聽過這個詞。當今的相聲團體中，有一個叫作「相聲瓦舍」的，那麼「瓦舍」到底是什麼意思呢？在宋朝，勾欄瓦舍，是民間藝人進行演出的場所，和我們今天的「小劇場」有些類似。在裡面表演的大多是民間藝人，而且演出形式也是多種多樣。

根據《東京夢華錄》的記載，我們可以知道，那個時候有瓦舍十餘座，其中大小勾欄五十多個，想來場面還是很大的，同時也足以見得當時人們業餘生活的精采。在瓦舍中還有夜叉棚、象棚，這些都是瓦舍中最大的，可以容納數千人。而在瓦舍裡，有一種叫作「戲水族」的動物表演，這就是我們說的海洋動物表演，也就相當於今日水族館裡的表演。

據史料記載，這種表演在當時是非常吸引人的，每次表演都是人山人海，而且時不時就有歡聲笑語。大家聽到這裡有沒有好奇這到底是什麼玩意兒讓人這麼著迷？為什麼會受人歡迎啊？既然這樣，我們就一起來開開眼，看看這到底是個什麼玩意兒。

「戲水族」也屬於馬戲中的一種，就像海洋公園裡的海洋動物表演，「戲水族」就是透過馴養海洋生物在廣大群眾中進行表演來謀生的。在宋朝周密的《癸辛雜識》中就記載了這種有趣的動物表演。

「七寶戲」是宋朝時水族表演中最普通的一種形式，也是「戲水族」的代表性表演。表演的時候藝人會先端上七個裝滿了水的水盆。這七個水盆可不是放在那擺著玩的，每個盆裡都有不同的動物，比如龜、鱉、螃蟹等水生動物。這個時候，表演的藝人用手敲鑼，一邊敲一邊叫動物的名稱，神奇的事情就發生了：那些在盆裡的動物，聽到叫自己的名字就會探出身來，頭上還戴著面具，一邊游一邊在盆中跳舞，跳完以後就再次潛入盆底，然後藝人再叫，再出，如此反覆，會讓看的觀眾感覺到神奇和開心，每個人都對這是怎麼做到的感到好奇。

這種表演每次都能吸引到很多人來觀看，掌聲、笑聲不絕於耳。當然，這說的還只是「七寶戲」。除此之外，還有諸如「魚躍刀門」「烏龜翻天」之類的節目，我們雖然沒見過，但只是聽聽這名字，應該就能猜到這是十分有意思的表演。

宋朝人為什麼會喜歡這種表演呢？一來是因為這種表演確實很有趣，表演過程中，藝人與動物配合得相當有默契，叫人讚不絕口。而正因為表演生動有趣，所以皇上也會找人到皇宮內去表演。

南宋淳熙十一年，宋孝宗去看望太上皇宋高宗，為了表示對太上皇的孝順和尊敬，特意找人來為太上皇表演，好讓太上皇感到高興。而這些表演裡，就有海洋動物的表演。

再一個原因呢，肯定是因為這種表演在當時來說還是比較罕見的，觀眾們有著看新鮮的心態在裡面。這魚鱉蝦蟹的，要說吃還行，還能這麼聽話地表演，這種事誰能想得到呢。大家聽說過之後肯定想開開眼界啊，所以慕名前來

觀看表演的人自然就多了許多。

另外一個原因，估計我們現代人想破了腦袋也想不出來。那就是在古代，魚和龜這些動物在他們看來是象徵著吉祥如意、長壽健康的，是吉祥物。人們認為看到牠們的表演就能夠給自己帶來好運，所以，這種表演在當時能夠盛行起來也就不足為奇了。

我們上面說到的是在城市裡看水生動物的表演，而那些愛生活的宋朝人可不只透過這種形式來瞭解水生動物，他們還喜歡親自到海邊，同時去感受大海帶給人的輕鬆和愉悅。這其中除了專門去觀海外，還是為了可以在觀海的同時看到一種十分罕見的海洋生物——鯨魚。這在宋朝歷史上，也是有據可考的，看看下面這些文學大家的詩詞，你就能知道宋朝人有多愛鯨魚這種動物了。

陳襄在《觀海》一詩中寫道：「天柱支南極，蓬山壓巨鼇。雲崩石道險，潮落海門高。」黃庭堅詩曰：「觀海乃知身一蠢。」陳普詩曰：「越海鯨鯢更浪高。」陳藻詩曰：「巨魚直是能吞舟。」鄭獬詩曰：「跨海鯨鯢金背高。」謝枋得詩曰：「巨鯨吼動天風寒。」陳造詩曰：「酒處每看鯨吸海。」李彌遜詩曰：「詩老猶傳跨海鯨。」

剛才在前面，我們只是提到了一些水生動物的表演，而真正的海洋動物，我們提到得少之又少。那是不是筆者為了誇宋朝人而編出這些事來說呢？您可能會說：「宋朝人都是吃過見過的主，不光看過野獸表演，還看過海洋生物，可是我看也就是魚鱉蝦蟹的，哪有海洋生物啊？要說海洋生物表演，怎麼也得弄個海豚、海豹、海獅什麼的吧。就拿點蝦兵蟹將來糊弄我們，你這不是說宋朝人沒見過世面，

而是說我們現代人沒見過世面啊。」

　　好吧，好吧，筆者知錯了。剛才只是先說一種小型水生動物表演來打開局面，真正的海洋生物即將閃亮登場，請大家鼓掌歡迎。

　　沈括的《夢溪筆談》大家都聽過吧，這書在歷史上也算是相當有名了。就在《夢溪筆談》中，有一節叫作「海蠻獅」，在這節裡面，沈括是這麼說的：「嘉祐中，海州漁人獲一物，魚身而首如虎，亦作虎文。有兩短足在肩，指爪皆虎也。長八九尺，視人輒淚下，舁至郡中，數日方死。有父老云，昔年曾見之，謂之『海蠻獅』。然書傳小說未嘗載。」

　　這個故事告訴我們以下一些情況。

　　宋朝仁宗嘉祐年間，在沿海居住的漁民捕獲了一隻「海蠻獅」，好傢伙，漁民雖然在海上打了一輩子魚，但這玩意兒還真是沒見過，於是決定拉到城市裡找明白人看看這是什麼。

　　一到城市裡，這個動物就引起了軒然大波，好多人都爭先恐後地來參觀這東西。有說像虎的，有說像魚的。這個動物也真神奇，一看到人來就哭，也不知道是在哭什麼，但這更讓人覺得牠稀罕異常，也就越發讓人喜歡了。因此，來看的人就更多了。不過可惜，沒過多久，這個動物就死了。死因我們不清楚，也許是不適應陸地的生活，也可能是飼養的方式不對。但總之，當時的宋朝人是見過這麼個東西的。

　　那這個「海蠻獅」到底是個什麼玩意兒呢？我們試著查閱資料，然而無從考證。如果往好的方面想，這種生物可

能就是我們常說的海獅或者海豚，往壞處想，這可能是一種只在當時有的海洋生物，而在今天可能已經滅絕了。

如果是前者，我們也不會覺得有什麼遺憾，因為我們今天也能看到宋朝人看到的東西。但如果是後者的話，對我們今天的人來說，可能就是一種損失了。我們再也沒有機會去一睹這種海洋生物的風采了，而要想見，也只能去宋朝的史料筆記中去尋找了。

不過，也可能是宋朝人的海洋之旅越來越順利，那些捕魚人的技巧越來越高超，所以總是能逮到一些平時不常見的動物。這不，就在「海蠻獅」死後沒多久，就又有人捕獲了一隻「海哥」。

當然，「海哥」也並沒有逃脫掉被參觀的命運，自從牠一被捕獲到船上，就直接被運往當時的京城開封了。王明清《玉照新志》記載：「嘉祐末，有人攜一巨魚入京師，而能人言，號曰『海哥』，炫耀於市井間。豪右左戚爭先快睹，亦嘗召至禁中。由是纏頭賞賚，所獲盈積。」

捕獲「海哥」的人也知道，這種罕見的動物非常值錢，只要拿到集市裡，就一定會引來無數的人引頸圍觀。果然，不出他所料，「海哥」在開封引發的熱潮不比之前的「海蠻獅」小。而當初抓到牠的人也確實如最初所願，靠著「海哥」的展覽掙到了很多很多的錢。

後來啊，這件事就傳到了皇宮內，皇帝也聽說在開封城中有人展出一種沒有見過的海洋生物。皇帝的好奇心重，心想別人見過，我這當皇上的還沒見過，這還得了！趕緊的，讓人把「海哥」連同養牠的人一起帶到宮裡來，讓咱們這些人也見識見識「海哥」到底是個什麼玩意兒。

聖旨一下，誰敢不聽。養「海哥」的人趕緊在士兵的引領下，帶著自己的「海哥」進到宮中，宮裡的皇上、妃子、大臣、宮女和太監都紛紛前來觀看。當時王明清還特地寫了一篇文章，就是說這個「海哥」的：「海哥風揩，被漁人下網打住。將在帝城中，每日教言語。甚時節放我歸去？龍王傳語，這裡思量你，千回萬度。螃蟹最恓惶，鯰魚尤憂慮。」你說你知道這事就得了，還非得替人家「海哥」打抱不平。

不過，也說不上是幸運還是不幸。傳說後來這隻「海哥」被運送到了李氏園作場，結果一次跳入李氏園寬廣的大池中，消失不見了。在史料中也有「李氏園作場，躍入池中，不復可獲」的記載。

朱彧在《萍洲可談》中也記載一件類似的事情：「元祐間，有攜海魚至京師者，謂之『海哥』。都人競觀，其人以檻置魚，得金錢則呼魚，應聲而出，日獲無算。貴人家傳召不少暇。一日，至州北李駙馬園，放入池中，呼之不復出，設網罟百計，竟失之。李園池沼雄勝，或云三殿幸其第，愛賞以為披香、太液所不及。」

這麼看來，這件事情可能是這樣的：朱彧和王明清寫的極有可能是一件事情。雖然後者所寫的事是發生在元祐年間，前者說是在嘉祐年間，或者是兩人之中有誰是道聽塗說，然後記錯了時間，或者說在當時這個「海哥」不止出現過一次，而是出現過兩次甚至多次，但有記載的可能只有這兩次而已。反正不管怎麼說吧，在當時，能夠逮到這麼一隻動物對百姓來說是十分有利的事情，因為可以透過帶著牠到處展覽獲得巨額利潤。所以，想來肯定會有很多

人爭先恐後地去海上捕撈，以求能碰到點什麼稀奇古怪的生物。因此，這種事情恐怕不止書中所記載的這一二，實際情況會遠比我們今天知道得多很多。

當然，朱或在《萍洲可談》中對此有過明確的記載：「海哥，蓋海豹也，有斑文如豹而無尾，凡四足，前二足如手，後二足與尾相紐如一。登、萊傍海甚多，其皮染綠，可作鞍韉。當時都下以為珍怪，蠢然一物，了無他能，貴人千金求一視唯恐後，豈適丁其時乎？」

這麼一想，那個「海蠻獅」應該不是海豹。我們從他們的文章中也能看出來，當時的宋人對海豹的認識非常透徹清楚。既然這樣，又怎麼可能不知道「海蠻獅」是不是海豹呢？所以筆者更傾向於「海蠻獅」是當時的一種動物，但在今天我們已經沒有機會再看到牠了。

說到這，筆者還想多兩句嘴。這個地球不只屬於我們人類，也屬於千千萬萬的其他物種，我們不能因為自己的貪婪，就把其他物種置於消失的邊緣。好了，打住，有些扯遠了，我們再回到宋朝來吧。話說在宋時山東的登州、萊州沿海一帶還有許多海豹出沒，從上述宋人的記載看，這「海哥」就是斑海豹。

樓鑰詩曰：「滄水海豹來京畿，繫裙堯舜深惡之。」從詩文來看，海豹不僅被送到京城中展覽，還會在展覽中做出一些很萌的動作討人們的歡心。當然，這都是海豹的飼養員所為，並不是海豹的本意。比如這詩裡說的這種行為，給海豹穿上裙子，就為了引人觀看，才特意弄成這個樣子的。雖然對他們的行為不齒，但不得不承認，宋人不僅很會飼養海豹，還能把海豹馴得服服貼貼的，這也算是一種

本事了。

　　如果這麼看來，我們今天所看到的海洋公園馴獸表演很有可能就是從一千多年前的宋朝開始的。這也從另一個側面說明了宋朝人真心厲害，真心會生活，同時也反映了宋代的娛樂業已經發達到了一定的程度，無論從商業化、通俗化，還是大眾化，都已經可以和我們今天相比。但只要一想到這些事情發生在一千多年前，我們還是禁不住感佩。

△趙克夐《藻魚圖》，絹本設色，藏於美國紐約大都會藝術博物館。

早在北宋，關於魚的繪畫就已經受到朝廷的重視，宋代皇族的一些成員更是以在閒暇時畫魚而出名，趙克夐便是其中之一。

十三、魚兒魚兒慢點游

宋朝金魚

　　在我們這個文明古國，琴棋書畫四大雅好和花鳥蟲魚四大雅趣充實滋潤了一代又一代中國人的精神生活，現在還有隨處可見的花鳥蟲魚市場。可見，人們對寵物的熱愛除了貓貓狗狗這些帶毛毛的生物外，還喜歡養魚。而這些，不管是對宋朝的人，還是對我們今天的人來說，幾乎都是相同的。

△《春溪水族圖》宋，絹本。圖中鏈魚擺尾漫游，鯰魚迴身在後，鱖魚迎頭向上，暗含「連年有貴」的吉祥含義。宋人對水族生物喜愛有加，常常將水族生物入畫。

「長憶江湖看雨時，插天掛尾玉龍垂。歸來老手今無用，養小魚蝦掘小池。」和今天一樣，養魚和養花都是可以陶冶情操的愛好。而家養金魚成為興趣，在中國就是從宋朝開始的。特別是在家裡自己挖個魚池養寵物魚這種愛好，也都興起於宋朝。清人趙學敏的《本草綱目拾遺》中有記載：「金魚自宋南渡始有。」由此也可以見得，要說玩，咱還得管時尚的宋人叫聲「祖宗」。

大神醫李時珍也在自己的著作《本草綱目》中說：「金魚有鯉、鯽、鰍、鰷數種，鰍、鰷尤難得，獨金鯽耐久，前古罕知……自宋始有畜者，今則處處人家養玩矣。」從李大神醫的這本書中，我們瞭解了這樣一些資訊，這個金鯽，是從宋代開始在家裡養的。那麼用我們今天的話來說，金鯽就是宋朝時期最最有名的，家家都想養一養的觀賞魚了。

《能改齋漫錄》中有云：「杭之西湖有金鯽魚，投餅餌則出，然不妄食也。蘇子美詩云：『松橋叩金鯽，竟日獨遲留。』東坡遊西湖詩云：『我識南屏金鯽魚，重來拊檻散齋餘。』皆記其實。」

不過話說回來，金魚，金鯽魚這種東西到底又是怎麼會在宋朝出現的呢？

金魚產於中國，是由野生鯽魚演變而來的，所以又叫金鯽魚，是一種美麗的觀賞魚。中國最早把金鯽魚單獨養在池中的時間是宋朝初年，地點是嘉興的金魚池。那個時候，宋朝吳越國刺史丁延贊，在嘉興城外一個池中發現了金鯽魚。

用家池養魚開始於南宋時期，地點在杭州城內的德壽宮。南宋皇帝趙構，被遼金追逼到長江以南後，便建都於杭州，改名臨安。他在杭州大造宮殿和御花園，並迷戀於

飼養小動物，年老退位之後便居住在德壽宮。德壽宮內有金魚池，在他死的前一年（西元1186年），他還派人到距杭州約100公里的呂化縣山中去捕捉金魚，以用來充實他的魚池。

在皇帝的影響下，南宋一大群官員也競相造池養殖金魚，此時也出現了專門養魚的工人，叫「魚兒活」，他們知道用小紅蟲（水蚤）來餵養金魚，並在池中繁殖金魚，金魚的家化就這樣開始了。

可以說，宋高宗趙構對金魚的家化起到了重要作用。到了晚清，中國養殖金魚的水準又有了新的進展，進入到人工選種階段。據考證，西元1500年前後，金魚由中國傳到日本，開始在大阪附近飼養。17世紀末傳入歐洲，19世紀初傳入美洲。

怎麼樣，老祖宗玩的東西老是能傳播到海外，這就是老祖宗厲害的地方。說到這一點，把文化破壞殆盡的我們就要自愧不如了，甚至有些愧對我們的老祖宗啊。

但是，這種魚在當時是怎麼培育出來的，又是怎麼養殖的，是一個謎。正是「問其術，祕不肯言，或云以闤市汙渠之小紅蟲飼，凡魚百日皆然。初白如銀，次漸黃，久則金矣，未暇驗其信否也」。又或「魚子多自吐吞，往往以萍草置池上，待其放子，撈起曝乾，複換水，複生魚黑而白，始能成紅。或謂因所食紅蟲而變，然投之餅餌，無有不出，能不食複入者蓋寡。豈習俗移人，雖潛鱗猶不能免耶？」

當然，這在今天看來，沒有什麼可奇怪的，培養出什麼樣的魚也都不會讓大家感到驚奇，因為這只不過是生物學

中的一項技術而已，但是在那個科技水準不發達的時代，能做到這樣，可以說是已經很偉大了。

既然這種技術在當時看起來這麼神祕，那價錢肯定也是不菲，所以估計普通百姓家裡是養不起這些小玩意兒的。要是連自己吃飯都成問題，誰還有心情養魚玩呢？因此，當時只有有錢的人才能養些金魚作為自己酒足飯飽之後的消遣。

《夢粱錄》中就有相關的記載：「魚兒活行，以異樣龜、魚，呈獻豪富。」「金魚，有銀白、玳瑁色者……今錢塘門外多畜養之，入城貨賣，名『魚兒活』，豪貴府第宅舍沼池畜之。」這也證實了我們關於都是什麼人養金魚的猜測。

不過，如果你無法「找個池塘，蓋間平房……給自己一個有魚的地方」，也沒有關係。咱還可以在小盆池裡養點金魚的，而且就連皇上也曾經這麼做過。

《靖康要錄》中寫道：「上（宋欽宗）聰明仁孝，好學而善文，自以地逼而望崇，每懷兢畏，至講讀之暇，惟以髹器貯金魚而觀之。」這裡說的髹器就是漆器，用精美的漆器養金魚，這是確切的缸養金魚的最早記載。

徐照《南歌子》小詞曰：「簾影篩金線，爐煙篆翠絲。菰芽新出滿盆池。喚起玉瓶添水、養魚兒。」很明顯這首詞是在描述在屋內小盆池裡養魚的。鄭會《齋中獨坐》：「香殺柑花麝不如，晚窗重理讀殘書。饑烏只道無人在，偷覷盆池一個魚。」所以，這也證明了那些沒辦法鑿池養魚玩的人，為了能一解自己的心頭之渴，也會在盆裡養點魚玩一玩，也算是一種樂趣了。

△劉寀《落花遊魚圖》（局部），曾是乾隆皇帝的心愛收藏，1919年醇親王將此畫售給美國藏家。

　　但我們都知道，要說養魚，還是玻璃缸最適合，但宋朝的時候有玻璃這玩意兒嗎？可以看看下面這句詩。在范成大的《上元紀吳中節物》中有一句是：「映光魚隱見。」詩人自己給自己的詩注解說：「琉璃壺瓶貯水養魚，以燈映之。」葉茵的《琉璃炮燈中魚》中也有：「頭角未崢嶸，潛宮號水晶。游時雖逼窄，樂處在圓明。」《琉璃砲燈》詩曰：「體制先天太極圖，燈籠真是水晶無。遠看玉兔光中魄，近得驪龍頷下珠。一焰空明疑火燧，寸波靜定即冰壺。游魚且作沉潛計，鱗甲成時入五湖。」釋契適《觀音詩》中有一句是：「水精盤躍錦鱗魚，悶於淵沉海岸居。」「水精盤」當指透明的器皿，錦鱗魚就是觀賞魚。吳芾《偶得數琉璃瓶置窗幾間因取小魚漾其中乃見其浮游自適感而有作》：「頭隨野鶴穿花徑，靜看遊魚戲玉壺。卻愧此身

猶束縛，未能歸去老江湖。」從這些詩句中，我們也就知道了，宋朝其實已經有魚缸了。

但為什麼大家不在魚缸裡養呢？那透明的缸裡魚兒游來游去，遠遠看上去就能感受到美，多好看。為什麼非得整一個盆，不到盆上面看不到魚這麼費事呢？

真相只有一個，那就是貴。玻璃在那個時候可以說是奢侈品，不是大富大貴的人家是用不起的。所以，沒辦法，雖然在那時候大家都知道把魚養在玻璃缸裡是最好看的，但是礙於成本太高，用玻璃缸養魚只能在絕小的範圍內實現。

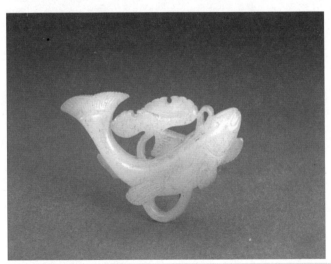

△玉魚蓮墜，長6.2公分，寬4公分，厚0.6公分，清宮舊藏。宋代佩魚之風大盛，與宋人對水族生物的熱愛不無關係。

宋代的豢養鯽魚、鯉魚之法後來傳入日本，而日本在此基礎上培育出了自己國家的錦鯉，鯉魚旗也就是由此得來

的，直到現在日本的錦鯉依然有名，日本的錦鯉以大為貴、為美。而中國的金魚自明清以後開始廣泛缸養，不再池養，魚的生存空間不斷減小，中國金魚也開始轉向小型化、呆胖化，所以現代中國的金魚已經難再現宋代金鯽魚、金鯉魚的英姿。

十四、你是猴子請來的救兵嗎？

宋朝還養綠毛龜

　　不管是天上飛的，地上跑的，還是水裡游的，沒有一樣是宋朝人不感興趣的。既然講到了水生生物，那我們不妨再來看看宋朝人還喜歡養哪種水生生物呢？

　　說到這個，筆者總是會想到《西遊記》裡的一句臺詞：「你是猴子請來的救兵嗎？」為什麼會有這種想法呢？還是從這種生物是什麼說起吧。筆者現在要講的生物是一種叫作綠毛龜的水生動物，而牠也是宋朝人喜歡養在水裡的寵物之一。

　　綠毛龜其實是一種背上著生基枝藻的水龜，牠將動物與水生植物巧妙地融合為了一體。因龜背上的藻體呈綠色絲狀，並長達十餘公分，在水中如被毛狀，故稱綠毛龜。

　　這種龜被古人視為神龜，是中國的瑰寶，歷來享有「活翡翠」「綠衣精靈」「綠毛神龜」「千年神龜」的美譽，牠與白玉龜、蛇形龜、雙頭龜並稱為中國四大珍奇龜。牠集藥用、美食、觀賞等功能於一體，深受國內爬行動物發燒友的青睞。

　　漢唐時，盛行養龜，許多文獻對綠毛龜都有詳盡的記載，諸如「殷紂時太龜生毛」「龜千年生毛，是不可得之

物也」。在唐朝，綠毛龜被列為宮殿裡的五大寶物之一，是價值不菲的珍稀水生動物，也是極佳的觀賞動物。

到了宋朝，是這樣的。據說在今天的安徽省六安市的壽縣，古時候叫壽州的地方，地方官員為了討好皇上，向朝廷獻上了這種綠毛龜。宋真宗他一個久居宮中的天子哪見過這玩意兒啊？一個烏龜，龜殼上還長著綠毛，在他看來還真是新鮮。所以，他當時有點看傻了，他不知道這玩意兒的綠毛是天生就長在殼上的，還以為有什麼預兆。於是就把自己手下的大臣都叫來了，要他們研究研究，看看這玩意兒到底是什麼來路？有了結果，一定要立即報告上來。

當時有個宰相叫呂端。要說這呂端也是個有名的宰相，並不是什麼昏官，也不是逢迎拍馬的小人，但他就偏偏做了一件可笑的事。

話說接到這個任務之後，宰相呂端還真就認認真真地做了一番考察，然後得出了一個結論，就上報給真宗說：「臣等寡聞，如何得知天意，可我曾聽前輩說過：『聖人之意，與天合符，一旦集中精力，關注某物，必能感動幽隱，神靈再現，以為啟發。』按神龜所出，地名壽春，陛下為皇儲時，正在壽州府邸，以此看來，這些綠毛龜特為陛下而生，以顯示陛下定能長命百歲，大宋江山繁榮昌盛！再者，龜乃水族，屬於陰，龜殼乃堅硬之物，綠毛乃柔軟之物，而戎狄之類，皆稟陰氣，看來老天爺要制裁野蠻難馴的戎狄，使他們乖乖地投順朝廷！陛下自從登基，憐憫西邊戎人困於生計，又能不念舊惡，降恩於凶頑的戎人首領李繼遷。李繼遷亡命日久，也厭惡打仗了，協從之人，也厭惡混亂的形勢了，洗心革面，歸順朝廷指日可待了。北邊契

丹桀驁不馴，為患滋深，現今部族離心，又逢饑歉，很可能在朝廷的懷柔政策下，爭先恐後地歸順。」

剛才還誇你不會逢迎拍馬呢，結果拍起馬屁來連眼睛都不眨，連草稿都不用打。一個野生的綠毛龜能被你解釋成「猴子請來的救兵」，也算是厲害，宰相真不是白當的。從這裡，我們也就知道，為什麼總有人說「強唐弱宋」了，連宰相都是這個德行，下面的官能好到哪啊，宋朝大臣的水準也就可見一斑了。宋打不過契丹，看來得從內部找原因了。

總之，綠毛龜在宋朝還是一個稀罕物種，也算是宋朝人喜歡養的寵物之一吧。在《西湖老人繁勝錄》中，有記載說南宋杭州城裡當時賣的龜不只有綠毛龜，還有「金龜，玳瑁龜，白龜」，看來這烏龜也是一個好的寵物了。

不過烏龜的價格也不低，也不是說隨便誰都能養得起的，《墨客揮犀》中說：「京師綠毛龜者，一龜動直數十千。」這「數十千」可真就不是一個小數目，要不是有錢人家，還真負擔不起。但為什麼當時還會有那麼多人養呢？這就跟現在的跟風是一樣的。像現在一些「月光族」，有錢沒錢都得弄個名牌背在身上，以顯示自己的身分。有些人就喜歡坐在星巴克裡喝咖啡，玩平板電腦，要的就是品味，你能說什麼！既然我們不能說人家，就別對人家的喜好指手畫腳了。在宋朝某些人的心裡，養寵物龜啊，養金鯽魚什麼的，都是一種精神追求，是非常風雅的，所追求的不就是個品味嗎？

△《蓼龜圖》。宋人的花鳥蟲魚畫堪稱中國畫史一絕，而龜
也是他們喜愛的入畫對象。

說到綠毛龜，咱再來講個有關於蘇東坡的小趣事吧。

東坡喜嘲謔，以呂微仲豐碩，每戲之曰：「公真有大臣
體，此坤六二所謂直方大也。」微仲拜相，東坡當直，其
詞曰：「果藝以達，有孔門三子之風，直大而方，得坤爻
六二之動。」一日，東坡謁微仲，微仲方寢，久而不出。
東坡不能堪。良久，見於便坐。有一菖蒲盆，畜綠毛龜。
東坡云：「此龜易得，若六眼龜，則難得。」微仲問：「六
眼龜出何處？」東坡曰：「昔唐莊宗同光中，林邑國嘗進
六眼龜，時伶人敬新磨在殿下進口號曰：『不要鬧，不要

鬧，聽取這龜兒口號，六隻眼兒，分明睡一覺，抵別人三覺。』六隻眼睛，一覺當然抵三覺。」

要說這蘇東坡智商真是高，但情商就真的不怎麼樣了。老是愛拿身邊人身體上的一些小缺陷說事兒。這不，他就用綠毛龜來諷刺呂微仲。

這個呂微仲當時已經是個宰相了，但蘇東坡還是照說不誤。說好聽點他是不畏權貴，說難聽點……他是吃飽撐著了嗎？沒事老是笑話別人幹什麼呢？就因為人家呂微仲長得有點胖，就笑話人家，還說人家貪睡，一覺抵別人的三覺，所以人家不記恨他那還記恨誰？也活該他一輩子仕途不順了。

總之，宋朝人是很會生活的，這些我們不得不承認。不管是貓貓狗狗，還是金魚、烏龜都是可以家養的動物，當成寵物養也是無可厚非的，而宋朝人養的東西可還不止這些呢，要想知道宋朝人還養什麼稀奇古怪的動物，我們一起進入下一篇章吧。

十五、大象，大象，你的鼻子為什麼這麼長？

宋朝看大象

　　講過了貓，講過了狗，還講了金魚和烏龜，這些都是我們平時常見的動物，那麼宋朝人還有什麼愛好嗎？或者說，宋朝人喜歡在家裡養點小動物，他們就沒有到其他地方觀賞動物的喜好嗎？

　　你這個問題還真問對了，對生活這麼有追求的宋朝人怎麼可能只喜歡在家裡養動物呢？他們當然會出去看自己喜歡的動物了。那麼，去哪看呢？當然是動物園了。

　　如果你穿越到宋朝，眼前赫然聳立著一頭大象，那時你可千萬別被嚇到，因為生在現代的你可是見過世面的人，怎麼能被宋朝人視為普通物的東西嚇得瞠目結舌呢？「寵辱不驚，閒看庭前花開花落，去留無意，漫隨天外雲卷雲舒」，這才是一個吃過，見過的現代主兒在見到出乎自己意料的東西時，應該有的態度。不然，你就可能被那些古代人小看了。

　　不過，相比要去動物園才能看到大象的我們來說，宋朝人可能才真的叫見過世面。對生活在開封的每一位宋朝百

姓來說，見到大象並不是什麼稀奇事。

話說，從宋太祖時期開始，就有番邦人士不斷地進貢大象給宋朝。最主要的是這幫番邦壓根兒就不會看別人的臉色，也根本就不管你喜歡不喜歡，想不想要，總之，凡是出產大象的地方都一定會送這玩意兒過來給宋朝。

盛產大象的地方在當時也不在少數，你送他也送，結果，宋朝的大象就快要能堆成山了。這個你可能會說了，咱們不要不行嗎？不要難道就有失大國風範了嗎？

古語說：「千里送鵝毛，禮輕情意重」中國向來是禮儀之邦，人家送片鵝毛我們的祖先都當回事，更何況是大象呢？所以，收吧。

△北宋帝陵石刻‧象及馴象人。

　那時的大象多為安南等周邊國家進貢的，皇家設有專門的養象所。

　　收下是收下了，但也真是麻煩了。這麼一群大象怎麼辦呢？也不能真的就放在街上散養著吧？那生活在都城的人不就天天就不用做事了，光躲著大象都來不及。跑慢了，要是喪命在大象腳下那可真不是鬧著玩的。

　　為了不讓百姓過這種提心吊膽的日子，皇帝還是得乖乖地弄個地方來專門飼養牠們才行，於是，一個新的部門就應運而生了。要說那時候也不會取名，還直接管這個部門叫作「養象所」。

　　養象所的工作並不複雜和勞累，只是負責給大象餵食，幫牠們洗洗澡，順帶著再教牠們一些雜耍。根據《宋史・職官志》記載：「養象所，掌調御馴象。」而孟元老的《東京夢華錄》裡，也有「外諸司」中有「象院」的說法。

　　別看我們在這裡說得簡單又熱鬧，對於宋朝的官員來說，這可並不是一件容易的事。雖然這麼多大象已經有相關部門來養了，但是養在哪還是得頭疼一陣子啊，這就出現了一個很重要的問題。雖然說有養象所，也就是所謂的「象院」，但是養這麼多大象絕對需要一片很大的地方，那這個地方到底在哪呢？答案就是玉津園。

　　這個玉津園，可以說是當時的皇家動物園。當然，我們這裡主要講動物，所以關於玉津園，我們還是有機會再聊它吧。總之呢，你只要知道，在宋朝有個叫玉津園的地方，相當於我們今天的野生動物園，而大象，就是養在這裡的。

十六、大象多了不好養

關於宋朝養象的那些事

　　因為進貢大象的國家不同，所以雖然都是大象，但種類上也還是有些小小的區別。

　　根據《宋會要》的記載，我們所發現的種類就多達十種，比如交趾大象、安南大象、真臘大象、占城大象、羅斛大象、疏勒大象等。到了宋真宗天禧五年（1021年），玉津園裡所養的各國的不同種類的大象竟然已經多達四十六頭了。這下子，又有新的問題需要煩惱了。

　　這麼多大象，雖然是有地方養了，但還得給牠們吃飯啊，總不能光喝個水飽吧。由於數量實在是太多，個頭又大又能吃，所以「養象所」的大象對食物的需求量是非常大的。

　　占了那麼大一片地不說，照這吃法，早晚會把宋朝國庫吃得空空，這麼下去可真是大事不妙。最後沒辦法，宋朝政府為了解決這些大象的溫飽問題，只好又在玉津園內開闢了一個地方，專門種植大象最喜歡的食物茭草，這個地方足足有十五公頃那麼大。

　　看到這裡你可能又有新問題了：雖然是外國友邦進貢的大象，但養這麼多，又不能當飯吃，也不能當錢花，還浪

費人力、物力、財力，養著牠們真有意義嗎？

說這話就是你的見識淺薄了。你有所不知，這些大象如果只是乾吃飯，不幹活，那我們吐槽牠們，牠們也不冤。但人家也不是什麼都不做，要說看家本領，這些大象多多少少還是有一些的。在楊億的《楊文公談苑》中記載：「景德中，交州黎桓獻馴象四，皆能拜舞山呼中節，養於玉津園。每陳鹵簿，必加蓮盆嚴飾，令昆侖奴乘以前導。」

宋真宗時期從交趾進貢來的四隻大象，又能聽懂音樂，又能隨著音樂的節拍起舞，末了，人家還能跪在宋朝天子的面前高呼。你說這玩意兒誰看了不高興，誰又能不愛看呢？所以，其實這些進貢的大象中，絕大部分都是已經馴好的，即使有些野象和小象，在養象所裡也會有專人教牠們表演一些能夠逗人開心、發笑的小節目，以便有機會可以在皇城裡給皇上演上那麼一小段。而也正是因為這樣，宋朝百姓才有了一飽眼福的機會。

宋朝政府在當時有條不成文的規定，每隔三年都會在京城舉行郊禮祭天大祀，這個祭祀典禮是由皇上親自主持的，因此，場面有多壯觀也就不難想像了。

每次祭祀前，都會有熱鬧的巡遊表演，那陣勢與今天巴西狂歡節的花車遊行相比，可以說是有過之而無不及。在巡遊的隊伍中，除了有樂隊、車、馬、牛等，還有大象，而且大象還是巡遊隊伍的「先鋒官」，走在最前面，那氣勢，別提有多壯觀了。

《宋會要》記載：「象六，中道，分左右。」仁宗時禮院奏言：「准郊例，大駕有象六，在六引之先。」書裡頭說了，走在前面的是六頭大象，大象都是馴好的，所以很

聽話，可以在道中央左右分列成兩隊，作為巡遊隊伍的「先鋒官」，引領著整個隊伍一路前進。而到了宋徽宗的時候，又加了一頭，就是在最前面又放一頭，這一下子聲勢又壯大了不少。在後人臨摹的《汴京宣德樓前演象圖》中，我們就能看到這樣的場面，巧的是，畫中所畫的不多不少，正好是七頭大象。

中國國家博物館收藏的宋代官方繪製的《大駕鹵簿圖》，描繪的是宋仁宗時參與祭祀典禮遊行的皇家儀仗隊。圖中畫有大象六隻、牛三十六頭、車輦六十一乘、馬二千八百七十三匹、官兵五千四百八十一人，兵杖一千五百四十八件、樂器一千七百零一件，可想而知當時儀仗隊的雄壯。可以說這既是閱兵式，又是狂歡節。

把大象加進儀隊，這可以說是前無古人的做法，是由宋朝人首創的，在宋朝之前，可沒人想到大象還能這麼用。由此也能看出宋朝人的腦袋瓜啊，真是不一般。

而這個時候，宋朝都城的百姓就可以在道路兩旁觀看這種盛況了。在孟元老的《東京夢華錄》中，關於祭祀中的大象，有這樣的記載：「遇大禮年，預於兩月前教車象。自宣德門至南薰門外，往來一遭。車五乘，以代五輅。輕重每車上置旗二口，鼓一面，駕以四馬。挾車衛士，皆紫衫帽子。車前數人擊鞭。象七頭。前列朱旗數十面，銅鑼鼟鼓十數面。先擊鑼二下，鼓急應三下。執旗人紫衫、帽子。每一象則一人裹交腳襆頭紫衫人跨其頸，手執短柄銅，尖其刃，象有不馴，擊之。象至宣德樓前，團轉行步數遭成列，使之面北而拜，亦能唱喏。」

△《汴京宣德樓前演象圖》。該圖描繪的是北宋宣德樓前的
馴象表演。這些大象多為外國進貢,平日養在玉津園。玉
津園每年都定時對市民開放,從某種意義上來說,算得上
是中國最早的皇家動物園。

　　孟元老還描寫了當時人們對大象的喜愛與崇拜：「諸戚裡、宗室、貴族之家，勾呼就私第觀看，贈之銀彩無虛日。御街遊人嬉集，觀者如織。賣撲土木粉捏小象兒，並紙畫，看人攜歸，以為獻遺。」《宋史‧樂志》也收錄有《馴象》詩曰：「嘉彼馴象，來歸帝鄉。南州毓質，中區效祥。仁格巨獸，德柔遐荒。有感斯應，神化無方。」

十七、北宋變南宋，大象也得養

南宋養大象

　　不過這樣盛大的場面到南宋就開始呈現出疲軟之勢。

　　到了南宋，不用說，大家恐怕也知道當時的情況。由於靖康之變，宋朝的都城由開封變成了臨安（今浙江杭州）。不是有那麼首有名的詩嗎？「山外青山樓外樓，西湖歌舞幾時休？暖風熏得遊人醉，直把杭州作汴州。」說的就是這麼個事。因為當時養在北宋都城開封的大象也隨著皇帝的南逃而遷到了南宋的都城臨安，所以這麼一來，這裡的人也就對大象不再陌生了。

　　雖然說宋朝已經處於很軟弱的狀態了，但俗話說得好，「倒驢不倒架」「瘦死的駱駝比馬大」，因此北宋的祭祀大禮巡遊仍然延續了下來，而並沒有停辦。

　　南宋周密在《武林舊事》中記載了南宋臨安城的祭祀巡遊：「每隊各有歌頭，以彩旗為號，唱和《杵歌》等曲，以相兩街，居民各以彩緞錢酒為犒。又命象院教象前導朱旗，以二金三鼓為節，各有襆頭紫衣蠻奴乘之，手執短　，旋轉跪起，悉如人意。市井因競市繪塑小象，以饋遺四方。」

　　要知道，這祭天可是歷朝歷代的一件大事情。這事要是沒搞好，皇上一生氣，那可是要掉腦袋的。所以，下面的

人對這件事情都很重視，沒人敢怠慢。因此，養象的象官平時也會對大象進行訓練，而訓練有的時候就像現在部隊的野外操練一樣，在街上帶著一群大象訓練。這麼一來，臨安的百姓就有很多機會在街上看到大象隊伍，真是浩浩蕩蕩。如果你來到了這個時候的臨安，我想也能有機會看一看這些表演。

南宋吳自牧《夢粱錄》「明年預教習車象」一條記載：「明堂大祀，三年一次……夏首修築泥路，選差三衞羽林兵，營築天街：砥樣平，黃道中間，明日月備嚴。法駕欲安行，預於兩月前教習車象。其車每日往來，曆試於太廟前，至麗正門，回車輅院一次。若僅閱車，每車須用鐵千斤壓之。如郊之歲，以車五乘教習。」

這裡說的就是這件事。在祭祀之前，提前一年的時間，下面負責各項事務的人就已經開始做準備了。大象儀仗隊也要開始進行事先的排練演習，確保在祭祀當天不出任何差錯。

當然，吳自牧記載的這次祭祀大禮可能有些簡略：「其明年，止一車以代玉輅。儀注，車上置青旗二面，鼓一面，駕以數馬，挾車衞士皆紫衫帽子。車前數人，擊鞭行車，前列朱旗數十面，銅鑼鼙鼓十數面，執旗鼓人，俱服紫衫帽子。後以大象二頭，每一象用一人，裹交腳襆頭，紫衫，跨象頸而馭，手執短柄銀　，尖其刃，象有不馴者擊之。至太廟前及麗正門前，用　使其圍轉，行步數遭，成列，令其拜，亦令其如鳴喏之勢。御街觀者如堵。市井撲賣土木粉捏妝彩小象兒，並紙畫者，外郡人市去，為土宜遺送。」

△《大駕鹵簿圖書》（局部），現藏於中國國家博物館。該
圖描畫了宮廷儀仗隊的宏大景象。

　　雖然我們常說「瘦死的駱駝比馬大」，但從前面的描述
看來，也能明顯感覺到當時巡街的隊伍規模縮小了，大象
的數量也沒有之前那麼多，這和南宋的國力衰弱有著很大
的關係。

　　但即使是這樣，人們對大象的喜愛之情，卻並沒有分毫
減少。從開封到臨安，無論在哪裡，都有很多看準了商機
的商家，製作有關於大象的紀念品出售，而那些外地來京
城旅遊玩耍的人，也會爭先恐後地購買。和今天那些喜歡

在旅遊景點買些紀念品回去送人的現代人一樣，古代人也是為了給自己的旅遊留點紀念，而這也足以說明當時的人們對大象有多麼喜愛了。

不過，每三年就要舉辦一次的祭祀大巡遊也確實有點讓人吃不消，更何況還是在國力被嚴重削弱的情況下。所以，上到文武百官，下到黎民百姓，對這項做法，還是頗有微詞的。

南宋大臣劉珙曾上奏說：「象之用於郊祀，不見於經，驅而遠之，則有若周公之典。且使吾中國之疲民，困於遠夷之野獸，豈仁聖之所為哉！」

無獨有偶，南宋的艾性夫來京城見到大象巡遊後，也寫下了《安南貢象》一詩，詩曰：「錦轎寶勒度南雲，到處叢觀暗驛塵。人喜此生初見象，我憂今世不生麟。半年傳舍勞供億，德色中朝動縉紳。粉飾太平焉用此，只消黃犢一犁春。」看來，不管在什麼時候，憂國憂民的人還是大有人在的。

當然，花那麼多錢養的大象，如果只是為了作為祭祀大禮的儀仗，那也有點太小看牠們了。在吳自牧《夢粱錄》「駕詣景靈宮儀仗」一條中，還記載了以下的事情：「次第朱旗數十面，鑼鼓隊引，驅象二頭，各以宮錦為衾披之，以金裝蓮花寶座安於背中，金彎籠絡其首體。寶座前，一衣錦袍人執銀　，跨頸驅行。」《西湖老人繁勝錄》中，也有相關的記載：「外國進大象六頭、駱駝二頭，內有一雌象，叫作三小娘子，於薦橋門外造象院頓之，每日隨朝殿官到門前唱喏，待朝退回方。前有鼓鑼各數隊，雜彩旗三四十面。象背各有一人，裹帽執　，著紫衫，人從都著

衫戴帽。路中敲鼓鳴鑼，引入象院。」

可以說大象在當時人們的心目中，儼然是大明星了，當時的臨安城中就有一隻叫作「三小娘子」的明星象。這隻象在臨安的街頭表演，人們天天都能見到，而牠的存在也給那些慕名來京城遊玩的遊人帶來了無限的喜悅與快樂。

能給百姓增添歡樂，那麼花錢、花時間、花力氣，來飼養這些大象，可以說還是非常值得的。

十八、誰不愛大師兄啊

宋朝人愛養猴

　　如果你隨便拉一個小孩過來，問他去動物園最喜歡看的動物是什麼，我相信許多孩子都會回答是猴子。

　　為什麼呢？這還用問嗎？齊天大聖花果山美猴王的同類有誰會不喜歡？看到牠們在籠子裡像人一樣活動，人們就會覺得很開心。你可能會說，這種愛好恐怕只有現代人才有，因為只有我們才有機會去逛動物園，但你不知，說起來，宋朝人恐怕和我們今天的人有著同樣的愛好，那就是，他們也十分喜歡猴子，甚至他們會在自己的家裡養猴子。

　　記得曾有一個養石猴的人在網路上晒自己小寶貝在麥當勞吃東西的萌照，結果就被人「狂轟濫炸」，最後不得已和自己的猴子分開了。如果這個人生活在宋朝，那結果就不一樣了，因為這種情況在宋朝是絕對絕對不會發生的。在宋朝，只要你喜歡，願意養，猴子也願意跟著你，那就肯定沒有別人會管你的，這就是古代和現代的差別。

　　當然了，明朝才有的《西遊記》使得宋朝人並不知道大師兄是誰，也不知道猴哥是誰，他們只知道沐猴、馬留、胡孫、猢猻、馬流等等，這些都是猴子在他們口中的別名。

　　南宋邵博《邵氏聞見後錄》記載說：「今世猴為馬留，

與其人形同耳。」南宋趙彥衛《雲麓漫鈔》記云：「北人諺語曰胡孫為馬流。」南宋胡仔《苕溪漁隱叢話》指出：「馬留，蓋優人呼沐猴之名。」

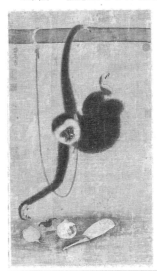

說到馬留這個別名，其實今天講粵語的地區人們還是這麼說的。北宋張師正《倦遊雜錄》說：「京師優人以雜物布地，遣沐猴認之，即曰：『著也馬留。』」這是讓猴在雜物中尋找東西。「著也馬留」，也就是找東西的猴子，這北宋京城方言不是跟粵語差不多嗎？「著」粵語為「找」；「也」粵語為「嘢」。用「馬留」稱呼猴子在宋、明的史料記載中不少。

△易元吉《縛猴竊果圖》，絹本，設色，墨筆，美國華盛頓弗利爾美術館藏。
猴戲也是宋人常見的娛樂方式，酷愛繪畫藝術的宋朝當然不會錯過這些可愛的猴子。

不止這些，就算是在鼎鼎大名的《西遊記》中，第十五回也有個馬流：菩薩道：「我把你這個大膽的馬流，村愚的赤尻！我倒再三盡意，度得個取經人來，叮嚀教他救你性命。你怎麼不來謝我活命之恩，反來與我嚷鬧？」

現在在某些地區還保留著宋代人的叫法。特別是在廣州、福建一帶，保留著這種叫法的人還是很多的。比如劉德華有一首歌叫《開心馬騮》。現在「馬騮」這個詞在粵

語中除了代表猴子的意思之外，還代表調皮的小孩子。

記得在我們小的時候，常常能看到有些養猴的人來城市中表演，那個時候我們叫他們「耍猴的」。這些「耍猴的」常常是在路邊進行表演，只見耍猴人手中拿著一面銅鑼，在其敲打的過程中，陸續地會從各地聚集來很多看熱鬧的人。等人漸漸多起來，「耍猴的」就會讓猴子表演各式各樣的雜耍，比如小猴騎車，走鋼絲，變臉等，猴子的機靈和乖巧博得了很多人的掌聲和笑聲。在表演結束後，這個小猴子還會像人一樣，拿著翻過面的銅鑼或者草帽跑到觀眾面前要賞錢。

當時這種表演最受小朋友們的喜歡。不過隨著城市的發展，這種沿街賣藝的行為已經不被允許，這種形式的表演在很多大城市中已經不見了，這對當今的小孩子們來說真的是一種遺憾。

十九、養馬要養猴？這是真理

中國人的養猴、馴猴歷史悠久，特別是宋朝。在本書中，我們一次次地強調說宋朝人是很會生活的，那麼像「耍猴」這麼好玩的表演，宋朝人對它的欣賞當然不會落於人後啊。而且先除去猴戲這種能給百姓帶來歡樂的活動不說，單說養猴的好處那在宋朝可就有好多了，特別是養馬的人家，養個猴就更好了。

說到這裡，大家有沒有想起點什麼？讓猴子養馬這個情節是不是有點似曾相識的感覺？還記得在《西遊記》裡，被太白金星騙到天庭裡養馬的孫大聖嗎？那些人還給了他一個官叫弼馬溫。

那麼，為什麼說養馬的人同時再養個猴子比較好呢？這是因為古人認為在馬廄裡養猴有利於馬的健康。北魏賈思勰《齊民要術》記載說：「常繫獼猴於馬坊，令馬不畏、辟惡、消百病也。」唐人韓鄂《四時纂要》中也寫道：「常繫獼猴於馬坊內，辟惡消百病，令馬不患疥。」北宋許洞《虎鈐經》也有相關的記載：「養獼猴於坊內，辟患並去疥癬。」

既然古代的專家們都說養猴子對個人養馬有好處，那咱

們這些普通人何不就聽聽專家們的建議呢？於是宋代人就聽從了古代專家的話，向古人學習，凡是養馬的人家，必然會在馬廄裡養一隻猴子。在宋朝，這種情況可以說是養馬人家的普遍現象了。

在南宋洪邁的筆記《夷堅志》中，就有多處記載宋人在馬廄裡養猴子的事情做例子：「余仲子前歲自夷陵得一猴，攜歸置馬廄。」「畜一猴，甚馴，名之曰『孫大』，嘗以遺總管夏侯恪，置諸馬廄。」「好養馬，常畜獼猴於外廄，俗云『與馬性相宜。』」宋代集錄筆記《續墨客揮犀》也記有「廄猴」：「耿從政以供備副使知趙州，廄養一猴，甚大，如三四歲兒，極甚馴善，不加羈縶，亦不遠去。廄有守卒，夜即賭博，常使此猴執火炬，舉動如人，惟所命焉。時見勝者，即伸手乞錢，稍遲與，則滅其火，人已怪之。」這裡面說的就是有一個人，得到了一隻猴子，就把牠帶到馬廄裡養。還給他取了個名字叫孫大。雖然沒看過《西遊記》，但讓自己養的猴子姓孫，真是古代人的通性啊，想想猴哥也是姓孫的啊。

梅堯臣的《和楊高品馬廄猢猻》詩裡也描述了有關家裡養猴子的事情：「嘗聞養騏驥，辟惡繫獼猴。供春新教藝，將軍舊病偷。」這也能見得宋朝人從養猴那裡得到了多少好處，不只能夠牧馬，還能治病，可說是一舉多得的好事。

南宋朱翌在《猗覺寮雜記》中寫道：「養馬家多畜猿，為無馬疫。世俗無可奈何，尚欲救之者，謂之『作死馬醫』。」從他寫的這句話裡，我們可以發現，養馬的宋人對猴子的依賴程度，甚至在馬死後還希望用猿猴把馬救活，由此也可見宋人馬廄養猴之風很盛。

可是，養猴子真的對養馬有好處嗎？就像我們今天也會有人對專家說的話提出質疑一樣，有些宋人就對「沐猴宜馬」這種說法提出了質疑。

　　北宋著名畫家李公麟曾畫有《沐猴馬》圖，圖中內容大致是猴子使馬驚擾。蘇軾《李伯時所畫沐猴馬贊》詩曰：「吾觀沐猴，以馬為戲，至使此馬，竊銜詭銜。沐猴宜馬，真虛言爾。」陳師道亦有《猴馬》詩曰：「沐猴自戲馬自驚，圉人未解猴馬情。猴其天資馬何罪，意欲防患猶傷生。異類相宜亦相失，同類相傷非所及。志行萬里困一誤，吐豆齕茭甘伏櫪。」所以說在任何時候，都有人願意對既定的事實提出質疑，就連我們偉大的蘇東坡大人對「沐猴宜馬」也是持懷疑態度的。

　　為了養好馬而養猴到底是不是一件正確的事，恐怕就只能是公說公有理，婆說婆有理了。因為我們現在又不能在家裡養這兩種動物，想實踐出真知恐怕是沒有機會了。

　　其實，人家宋朝人養猴為馬恐怕只是一個理由而已，說白了，他們養猴子除了理論上說的為了馬的健康，但其實更多的為了滿足自己的樂趣，就好像有很多的宋朝人就算家裡沒有養馬，也一樣會養一隻猴子來賞玩。

　　呂南公在《義鷹記》中寫道：「盱南陸氏，世雄於貲，子弟矜玩好，往往以之易學問，售奇訪異以為常。他日遇山夫賣猴雛，取而畜之，甚馴，縱其遊息門內外，毋複羈檢。」在司馬光的《張行婆傳》中也記載說：「女僕之幼者，則為之櫛沐紉縫，視之如己女。至於猴、犬，飲食以時，無不馴服。張氏去，輒數日悲鳴不食。」而我們在本文中常常提到的洪邁，他所寫的《夷堅志》中「孫拱家猴」

篇寫道：「秀州魏塘鎮孫拱家。養一猴數年矣。拱妻顧氏。嘗晚步門外橋上。呼小童牽至前。猴趨挽顧衣。為欲淫之狀。」

△毛松《猿圖軸》，絹本設色，東京國立博物館藏。
　畫家在創作這幅畫時超越了單純的寫實，除水墨之外還使用了金泥，工筆細膩自然。

二十、猴戲多變

　　楊萬里詩曰：「坐看胡孫上樹頭，旁人只恐墮深溝。渠儂狡獪何須教，說與旁人莫浪愁。」這首詩描述的是有一家人家養的猴，爬上了樹頂，人們只有在樹下坐著看的份。

　　朱繼芳詩曰：「閉口桐魚勿複論，數間老屋枕雲根。曉鐘三板出山去，分付獼猴為守門。」宋朝人養個猴子還能拿來用於給自己看家守門。

　　楊億詩曰：「池籠養魚鳥，章服裹猿狙。」劉克莊詩曰：「胳膊雞猶金爪距，勃跳狙亦袞衣裳」「狙公加之章甫飾，鳩盤謬以脂粉塗」。這裡說的「狙公」就是指猴子，從中我們會發現宋朝人養猴子已經到了登峰造極的地步了，不僅把這些猴子當寵物來養，還像現代人養狗一樣，會買一些漂亮的衣服給牠們穿，還有的訓練牠們來表演一些小節目。我們今天也能見到路上有些狗狗會作揖，會用兩條腿走路什麼的，可見不管是古代人還是現代人，在養寵物這件事情上，觀點都是一致的。

　　宋祁的《君山養猿記》記載說：「猿與沐猴，類同而種別。沐猴躁動，好騰倚挽裂，詭故百情。」宋代猴戲表演非常繁盛且普遍。「大吃貨」蘇東坡在他的《東坡志林》

中寫道：「昨日見泗倅陳敦固道言：『胡孫作人狀，折旋俯仰中度，細觀之，其相侮慢也甚矣。人言弄胡孫，不知為胡孫所弄！』」

「耍猴人」在宋朝是非常普遍的。那個時候，常常會舉辦各種廟會，在廟會上，人們就能看到各種猴戲表演。北宋孟元老的《東京夢華錄》中記載，每到元宵節，民間為了慶祝，在歡慶的百戲表演中就有「猴呈百戲」。但我們卻找不到更詳細的記載，想了想，或許猴戲表演在宋人百戲之中是最普通的一種表演，所以記載的價值不大，記載起來也就一切從簡了。

但「猴呈百戲」這四個字，就足以說明宋代猴戲的豐富，光猴子就能夠進行上百種表演，這是多引人入勝啊。

北宋張師正的《倦遊雜錄》中記載，在開封城裡有一種猴戲，這種猴戲是養猴人讓猴子表演認東西：「京師優人以雜物布地，遣沐猴認之，即曰：『著也馬留。』」這就是我們在開頭提到的「找東西的猴子」。

除了找東西的猴子，還有像《西湖老人繁勝錄》中記載的「鬥葉猢猻」這種在臨安城中表演的節目。或許你會問，「鬥葉」是什麼呢？筆者查閱了很多資料後，發現所謂的「鬥葉」是一種打紙牌的遊戲。那麼「鬥葉猢猻」說白了就是讓猴子模仿人玩打紙牌遊戲。你看，宋朝人竟然能讓猴子玩紙牌。

宋僧道川寫詩說：「語不邪，笑不來。拙鋪設，巧安排。猢猻將板拍，野老舞三臺。」這裡說的是猴子打快板，然後耍猴人跟著猴子打板的節拍跳舞的猴戲。這又讓我們這些「無知」的現代人大開眼界了，精通音律的猴子，你

見過嗎？我是沒見過。

方回的詩裡說：「莫為猢猻打筋斗，回頭不記讀書燈。」這說的是猴子表演翻筋斗。這種在我們現代猴戲中倒是比較常見，沒有什麼可令人驚歎的。但說到底，宋代猴戲的種類和我們現在相比，簡直是太豐富多彩了，跟我們現代馬戲團裡做的那些一比起來，根本就是小巫見大巫了。

話說，在當時的臨安城裡就已經出現以猴戲表演著稱的著名藝人，周密的《武林舊事》在「諸色藝伎人」中就記載有猴戲表演藝人，如「葉庚、周竹窗、平江週二郎」等。

對今天生活在城市中的我們來說，宋朝的臨安、開封簡直是太好玩了。比如當時宋代民間藝人隨便找個地方，就地表演猴戲可以說是非常普遍的。我們今天看起來很新鮮的猴戲，在宋朝人眼中早已不是什麼新鮮事了，要說什麼是新鮮事？那就是人學猴子唄。北宋上官融《友會談叢》記載：「京師貨藥者多假弄獅子猢猻為戲，聚集市人，供奉者形質麼麼，頦頰尖薄，克肖猢猻，復委質於戲場焉。韋繩貫頸，跳躑不已。旁觀為之掩淚，而彼殊無愧色。」

二十一、猴戲有什麼了不起！

宋朝的鼠戲

　　宋朝人能讓我們驚奇的地方有很多，如果說馴猴是很普遍的，馴鼠恐怕不那麼喜聞樂見吧？畢竟老鼠這種生物在我們的眼中和病害是有著關聯的。雖然現在人們也流行養倉鼠，但訓練老鼠來做表演，可還真是聞所未聞。這方面，宋朝人又給我們製造了一個驚喜。

　　程頤《程氏經說》寫道：「相鼠之為，物貪而畏人，舉止驚擾，無體態，故以興人之無禮儀。視鼠之有皮革以成其身，有牙以完其形，具形體以成物，而動作如此，猶有人之形質，而無禮儀容止，不若死也。」

　　宋代大儒程頤無疑非常討厭老鼠，但也有一些宋人特別喜歡老鼠。曾敏行《獨醒雜誌》與洪邁《夷堅志》都記載靈鼠給宋人帶來好運的故事，《獨醒雜誌》記載讀書人杜鎬因靈鼠而得以科舉高中的故事：「鼠不驚走，以書置之床前而去。取其書而觀之，乃《孝經注疏》也。鎬心異其事，遂取讀數過。既入試，問題正出疏中。鎬遂中選。」

　　《夷堅志》記載了因靈鼠而得以發財的故事：「果見鼠，逐之，及湧金門牆下，入穴中而滅。母立不去，遣子歸取鍤劚地，深可二尺，望鼠尾猶可見。俄得一青石，獨

去之，下有大甕，白金滿中，遽奔告其父。父至，不敢啟，亟詣府自列，願以半與官，而乞廂吏護取。府主從其言，得銀凡五千兩。持所得，即日鬻之，買屋以居，而用其錢為子本，遂成富家。」可見在一些宋人眼裡老鼠也是吉祥的動物。

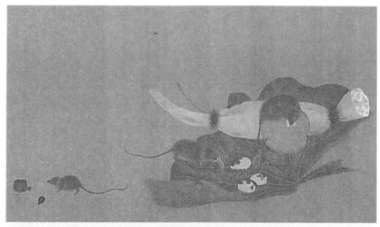

△徐崇嗣《鼠戲圖長卷》（局部）。在宋人眼中，萬物皆可入畫，入畫之後，連老鼠都顯得可愛了。

　　李綱在《蓄貓說》中就記載一個病叟對老鼠的看法：「鼠為子神，其次玄枵，隱伏善盜，坎艮之者至於舞於端門，為妖為祥。」

　　曾敏行《獨醒雜誌》還記載：「東安一士人善畫，作鼠一軸獻之邑令。令初不知愛，謾縣於壁。且而過之，軸必墜地，屢懸屢墜，令怪之。黎明物色，軸在地而貓蹲其旁。逮舉軸，則跟蹌逐之。以試群貓，莫不然者。於是始知其畫為逼真。」宋代東安一士人善畫鼠且畫得如此逼真，以至於群貓都以為是真的想把它吃掉，無疑這個東安畫家也是很喜歡老鼠的。

　　宋代還有許多養鼠人，何薳《春渚紀聞》記載寄居嚴州天慶觀的孫道人就喜歡養鼠：「袖中嘗畜十數白鼠子，每與人共飲，酒酣出鼠為戲，人欲捕取，即走投袖中，了無見也。」

　　洪邁《夷堅志》記載吉州隆慶長老了達也養了五隻小老鼠：「見笠內有鼠窠。實以碎絹紙。新生鼠未開目者五枚。啾啾然……又數日。五鼠能行。達以粥食飼之。每夕宿笠中。旬餘始不見。其中潔然無滓穢。得淨笠衣及茶一角。達意其竊以來。懸之僧堂。三日無取者。於是白主者告於眾。以其茶為供而行。自是所至不蓄貓。鼠亦不為害。」

　　南宋詩人胡仲弓有詩曰：「枝上五禽言似訴，籠中二鼠去如流。」這些皆可見一些宋人是喜歡把鼠當成寵物來養的。

　　洪邁《夷堅志》記載：「少子嘗見一白鼠在聚核下。歸語父。父戒曰、明日往捕之。得而貨於禽戲者，必值數百錢。」

　　可見宋代已經出現專門馴鼠表演的民間藝人。鄭伯英詩曰：「升高無過胡孫擂，行險勝於老鼠梯。」詩中的「老鼠梯」就是供馴鼠表演雜技的爬梯。

　　文同在《奏為乞修洋州城並添兵狀》中提到「鼠戲」一

詞：「苫茅累土，宛若鼠戲。缺漏頹落，殆不可睹。」可見在文同眼裡鼠戲是登不上大雅之堂的。

宋代記載「鼠戲」的文獻不多，或許在宋代繁盛的民間娛樂演藝文化事業中，「馴鼠表演」只是其中的一個小支派，難以顯山露水。

但從這些有限的零散的歷史記載來看，「鼠戲」這種表演至少起源於宋代，它是宋代民間娛樂文化的組成部分，它的出現也展現了宋代民間娛樂文化的豐富多彩。

二十二、歌舞還是滑稽戲？

宋朝的雜劇

　　在宋朝，雜劇表演可以說在當時的社會各階層都廣受歡迎。其實宋代的雜劇分很多種，是由滑稽表演、歌舞和雜戲組合而成的一種綜合性戲曲。北宋時盛行於開封，到了南宋，在都城臨安也仍然十分流行。

　　雜劇在演出時一般由四個角色組成，有的可能會根據情況增添一人。北宋的雜劇分為「艷段」和「正雜劇」兩個部分。「艷段」是在正劇上演前表演的一段日常生活中的熟事。「正雜劇」又分為兩段，透過表演來講述一個完整的故事，這才是雜劇的主體。

　　到了南宋，雜劇變為三個部分，即「艷段」「正雜劇」和「雜扮」。「雜扮」是由民間的滑稽戲演變而來的，作為雜劇之後的散段，又稱「雜班」或「拔扣」。後來，北方的雜劇逐漸發展為元雜劇，南方的雜劇逐漸發展為南戲。

　　而其中，與我們今天的「小品」比較相似的就是滑稽表演了。這種表演一般都是透過演員的表情、肢體、語言等來講述一個完整的故事，最主要的是要做到滑稽。

　　做這些滑稽表演的大都是民間藝人，不像現在，還有劇團這種組織。那個時候基本就是在街上賣藝的藝人，靠自

己的手藝吃飯。當然,有一些人如果表演得特別好的話,還會被皇家請去參加重大的慶典或者宴會,這些人也就相當於現在的著名的表演藝術家了。

據《都城紀勝》載:「雜劇中,末泥為長,每四人或五人為一場,先做尋常熟事一段,名曰:艷段;次做正雜劇,通名為兩段。」「雜扮或雜旺,又名技和,乃雜劇之散段。」即演出以「末泥」角色為首,四人或五人參加演出,戲劇結構為艷段、正雜劇二段。戲分兩類,一是以對話為主的滑稽逗樂雜劇,二是以歌舞為主的歌舞雜劇。

這裡說的滑稽戲表演的形式,主要參加者為四個或者五個演員。「末泥」是負責把劇情引入正題的,所以「為長」,其餘還分別有「副淨」「副末」「裝孤」,這三種演員依次負責逗哏、捧哏,另一個就是負責演上司一類的,諸如皇帝、大官這些角色。

如果是五個演員的時候,最後一個就叫「把色」,這些「把色」「吹曲破斷送」,也就是為以上所說的那些表演者伴奏。

二十三、名著裡的宋雜劇

水滸傳與宋雜劇

　　北宋時流行於汴梁（今河南開封市）的「宋雜劇」已不斷向人物和故事方面發展了，但宋雜劇的扮演人物、表現故事以及演出體制的定型還是南渡後數十年間的事。

　　到了南宋，杭州（南宋臨安府治）成為中國戲劇活動的中心，而作為戲劇傳統的代表「宋雜劇」的含義也有了比較嚴格的範圍，而且宋雜劇的地位也提高到當時各種藝術品類之首。南宋杭州，非但有如「排綠社」的雜劇藝人的行會組織，而且在當時「書會」中還有不少寫作雜劇的「書會先生」。

　　在《水滸傳》第八十二回「梁山泊分金大買市，宋公明全夥受招安」這回書裡，作者比較具體地描述了宋徽宗在文德殿親御寶座陪宴宋江等，這期間也搬演了宋雜劇。不僅如此，作者還對當時是怎麼搬演宋雜劇的全過程做了較為詳細的描述，主要講述了在文德殿宮廷大宴上搬演的雜劇中參加演出的藝人都有哪些，共多少名。

　　當時是這麼記載的：「雜劇色、笛色、鼓色、箏色、瑟色『散做樂工』一百二十名。」可見宋朝的雜劇是真的很有名，在皇上面前演一會兒，得有一百二十個演員才能搞

定，這也說明宋朝對雜劇的重視。

宋雜劇在演出形式上的一個基本特點就是一個「雜」字。《水滸傳》記述在「文德殿」的宮廷大宴上，在序曲之後，便是由一百二十散做樂工穿插表演「散樂」。「散樂」即宋代的百戲，如扛鼎、尋橦、吞刀、吐火之類的雜技。

《水滸傳》第五十一回藝人白秀英在演唱諸宮調時，也穿插表演了「那一般打散」，「打散」也即「散樂」。這些也與南宋宮廷雜劇演出的情況相類似，特別是「舞隊」的表演備受觀眾的青睞。《水滸傳》對宋雜劇表演形式上的歌舞特點也進行了具體而生動的描述。

整個大宴上，「八個排長」「簇擁著四個美人，歌舞雙行，吹彈並舉」。歌唱的曲牌有《朝天子》《朝聖朝》《感皇恩》《殿前歡》，她們的「歌喉似新鶯婉轉」。舞蹈節目有《醉回回》《活觀音》《柳青娘》《鮑老兒》，她們的「舞腰如細柳牽風」。

這裡值得一提的是《鮑老兒》這個舞蹈。《鮑老兒》這是一個北宋還沒有的，但在南宋的臨安卻非常流行、極受歡迎的民間滑稽舞蹈。宋元臨安《鮑老兒》之興盛使得那位既熱愛又熟悉臨安的施耐庵，必然要將其寫進他的《水滸傳》裡去。

他非但在八十二回文德殿宮廷大宴上搬演宋雜劇的過程中寫到了《鮑老兒》的舞蹈，而且在第三十三回宋江等在清風鎮觀看元宵社火隊時，仍有寫到這個舞蹈，「那跳鮑老的，身軀扭的村村勢勢的，宋江看了，呵呵大笑」。

△盤樂宋墓西壁雜劇壁畫（局部），從此圖可大略窺見宋雜
　劇的形式。

　　在文德殿上搬演宋雜劇的過程中，雖然也穿插了一些散
樂、歌舞，但從整個演出的過程來看其主體部分還是演出
宋雜劇。

　　演出的宋雜劇包括「歌舞雜劇」與「滑稽雜劇」兩個組
成部分。歌舞雜劇乃是用「大曲」「法曲」或「詞牌」來
表演一個具有較簡單故事的歌舞戲。當時這類偏重歌舞的
雜劇，約占「官本雜劇段數」的半數以上。

　　其中的歌舞雜劇《玄宗夢遊廣寒殿》，是一個富有浪漫
主義神話色彩的歌舞戲，而且很可能是唐宋風行一時的宮
廷樂舞《霓裳羽衣曲》。

　　唐玄宗部分地吸收了《婆羅門曲》創制的《霓裳羽衣

曲》，確實與《水滸傳》裡提到的歌舞雜劇《玄宗夢遊廣
寒殿》一樣，創造出了神仙的意象，表現出了如仙境般的
浪漫色彩。

△宋代著名雜劇《眼藥酸》

二十四、哪裡都有蘇大人

蘇東坡與宋朝雜劇

　　蘇東坡這個人恐怕咱們就不用再詳細介紹了，只要是上過學的人都能背上兩首他的詩詞，而且他的《江城子》中開篇的一句「十年生死兩茫茫」更是讓他一躍成為最受文藝青年歡迎的宋代詞人。

　　他發明的東坡肘子等各種吃食在民間可以說是流傳甚廣，甚至還有「眉州東坡酒樓」這種以他的名字命名的連鎖酒店，可見蘇大人在吃上面是真的有名。

　　但我們的蘇大人難道只涉獵這些嗎？答案是確定以及肯定的，那就是「當然不可能只涉及這些啊」，東坡大人的愛好，可以說是相當廣泛的。所以，宋雜劇，這種在當時社會大受歡迎的東西，又怎麼可能沒有我們愛湊熱鬧的蘇大人參與呢？所以，在當時就有了蘇大人創作的一些宋雜劇。

　　而且因為其詩文創作俳諧幽默又語含諷喻，時常被作為是一種智力優越、常識淵博的展示，娛己且勸世；在他仕途坎坷時，這種雜劇的寫作既可淡化痛苦，又可撫慰傷痕。正是因為這些種種原因，蘇東坡的作品可讀性非常強，受到大眾的喜愛。不過也因為他寫的雜劇中語含諷諫，忠言逆耳，他為此多次獲罪，命運多舛。

在講蘇東坡的雜劇之前，我們先來聊點別的。

中國古代的祭祀活動，有「儺祭」「蠟祭」和「雩祭」等。其中所載「蠟」或「大蠟」，是古人在年終歲末舉行的一種慶祝豐收的盛大報謝典禮。「其初為田事，故為蠟祭，以報天也。」《禮記‧郊特牲》中「蠟」為「索」意，「天子大蠟八」，即向四面八方去求索諸神。「先嗇」即神農氏，「司嗇」為後稷，「郵表畷」即農人設祭拜神之處。蠟祭需祭先祖，祭五祀等神祇，需國君頭戴「皮弁」，身著「素服」，腰繫「葛帶」，手持「榛杖」，其目的為了「送終」與「喪殺」。

為什麼在這裡說了很多與宋雜劇看起來毫不相關的東西呢？你往下看就會恍然大悟了。

蘇東坡認為蠟祭儀式其實就是「歲終聚戲」之「戲禮」，所祭「貓虎之屍」「置鹿與女」，均由古代的演員來扮演，目的就是以「儀式劇」的形式來演繹《楚辭》和《離騷》。這種「巫覡弄屍」之戲經過了蘇東坡辨識，傳到後世戲劇學者多加沿用。

王國維作《宋元戲曲史》時認為：「《楚辭》之靈，殆以巫而兼屍之用者也。」「蓋後世戲劇之萌芽」，這確實是一個十分重要的觀點。但在離王國維八百多年前的北宋時期，蘇東坡卻早已明確地把八蠟看作是戲劇活動了。從這裡我們也能看出來蘇大人相比於前朝人或者是後世人，都是獨具慧眼的。

蘇東坡還曾在《傳神記》一文中指出，藝術的精采處在於傳神，戲劇也是如此。他說：「優孟學孫叔敖抵掌談笑，至使人謂死者復生，此豈舉體皆似，亦得其意思所在而

已。」這裡面的「得其意思所在」，說的就是藝術這東西最妙、最精采的地方在於傳神。蘇東坡的藝術感受與理解能力跟我們普通人來比，是絕對敏銳的，也正是因為如此，他才能一語中的地說出中國戲劇表演最本質的特點就是傳神。

由於受到宋代樂舞和雜劇的影響，蘇東坡一生還創作了大量隊戲演出儀軌中的教坊詞。《宋史・樂志》所述隊戲儀軌，其中第四，「百戲皆作」；第六，「樂工致辭，繼以詩一章，謂之口號，皆述德美及中外蹈詠之情。初致辭，群臣皆起，聽辭畢，再拜」；第七，「合奏大曲」；第九，「小兒隊舞，亦致辭，以述德美」；第十，「雜劇罷，皇帝起更衣」；第十四，「女弟子隊舞，亦致辭，如小兒隊」；第十五，「雜劇」；第十九，「用角觚，宴罷」。

在隊戲的表演過程中，參軍色與戲頭不斷地朗誦致語口號。蘇東坡撰寫的《坤成節集英殿教坊詞・教坊致語》（元祐二年七月十五日）云：「臣聞視履考祥，既占衷月之夢。對時育物，必有繼天之功。方大火之西流，屬陰靈之既望。帝於是日，誕降仁人。意使斯民，成歸壽域。共慶千年之遇，得生二聖之朝。式燕示慈，與民同樂。恭惟皇帝陛下，文思天縱，睿哲生知。力行禹、湯之仁，常恐一夫之不獲；躬蹈曾、閔之孝，故得萬國之歡心……臣等叨居法部，輒采民言。上瀆宸聰，敢陳口號。」蘇東坡的《勾雜劇》云：「鸞旗日轉，雉扇雲開。暫回綴兆之文，少進俳諧之技。來陳善戲，以佐歡聲。上樂天顏，雜劇來歟？」

△後人所繪宋代教坊自樂。

　　在這裡我們不得不誇獎一下蘇東坡。雖然歷史上關於他私生活方面的詬病很多，但不管怎麼說，他都是一位對國家、對社會懷著一種「天下興亡，匹夫有責」的責任感的人。即便在君臣娛樂之時，他也沒有忘記提醒君主如何做一個好君主。

　　其中有意思的是蘇東坡在《集英殿春宴教坊詞・教坊詞語中和化育萬壽排場》中的闡述：「幸此聖朝，陶然化國。飭三農於保介，維莫之春。興五福於太平，既醉以酒。恭

惟皇帝陛下，乘乾有作，出震無私。憲章六聖之典謨，斟酌百王之禮樂。天方祚於舜孝，人已誦於堯言。故得彝倫敘而水土平，北流軌道。壬人退而蠻夷服，西旅在庭。稍寬中昃之憂，一均湛露之澤。」在歌頌太平之餘有了「而獻芹負日，各盡野人之寸心。臣猥以賤工，叨塵法部。幸獲望雲之喜，敢陳《擊壤》之音。不揆蕪才，上進口號」的諷諫尾巴。

蘇東坡雖然不像《都城紀勝》「瓦舍眾伎」條提及的職業作家，但正是蘇東坡等著名文人和教坊藝人使編撰雜劇蔚成風氣，支撐著雜劇舞臺歷久彌新，影響所及，連大宋皇帝都想一試才藝，「或為雜劇詞」，而勾欄戲班聘用的編劇人才更不在少數。

《夢粱錄·妓樂》載：「向者汴京教坊大使孟角球曾做雜劇本子，葛守成撰四十大曲，丁仙現捷才知音。」可知丁仙現者本為汴京名優，不但常侍御禁中為「教坊大使」，亦曾當面以蘇東坡作場調笑以娛君王，且效果頗佳，蘇東坡亦欣然得色，由此可見，東坡與名優間的相互認可。同時「蜀伶多能文，俳語率雜以經史，凡制帥幕府之燕集，多用之」，尤能涉獵古今，援引經史，以佐口吻、資談笑。蜀地雜戲俳優文化水準較高，俳語之中談古論今，引經據典，創作與表演往往表現出動人的藝術魅力與批判現實的進步傾向。

蘇東坡素好雜劇，長期浸淫於俳優們滑稽俳諧的文化氛圍中，其創作不自覺地習得了俳優言辭詼諧幽默而又「遞相誇競」的風格特點。呂本中《童蒙訓》評價蘇東坡的詩歌巨制云：「老杜歌行，最見次第，出入本末。而東坡長

句波瀾浩大，變化不測，如作雜劇，打猛諢入，卻打猛諢出也。」

△南宋雜劇《打花鼓圖》。雜劇因其滑稽和諷刺而深受宋人喜愛。

二十五、從這些東西裡看宋雜劇

宋雜劇與古代藝術品

　　其實從現代出土的一些藝術品中，我們也能夠對宋代雜劇有一個深刻的認識。河南博物院陳列著一組溫縣宋墓出土的散樂表演雕磚和雜劇雕磚。

　　散樂表演雕磚上雕刻著持笛、大鼓、腰鼓和拍板等樂器正在進行演奏的人物，讓我們目睹到了宋代的樂器及其演奏情況；雜劇雕磚上則雕刻著雜劇的各種人物角色。透過這些人物不僅使我們能瞭解到宋代雜劇人物的角色行當和裝扮，同時也能瞭解宋代雜劇的表演過程。溫縣宋代墓葬中出土的雜劇雕磚，就是當時戲曲表演的真實再現，也為中國古代藝術的研究提供了不可多得的珍貴資料。

　　宋代中原和北方地區仿木建築雕磚壁畫墓中的雜劇圖像，多用磚雕，嵌於墓壁，也有少數在石棺上用陰線雕刻。宋代仿木建築雕磚壁畫墓和石棺雕刻的主題，都是表現墓主人生前的家居生活情景，尤其是表現墓主人夫婦「開芳宴」的情景。

　　「開芳宴」，就是飲宴時要備樂，有散樂和樂舞，後來又盛行雜劇。因此，墓葬中便有雜劇雕刻的發現。河南溫縣宋墓雜劇雕磚為浮雕磚刻，線條流暢，尤重細部刻劃，

為北宋雕磚藝術的代表作品。

　　從雕磚中，我們可以看到一對夫婦端坐在方桌兩側，方桌上放置著執壺、蓋碗、茶點、水果，夫婦二人正在侍從們的侍奉下飲酒喝茶，悠然自得。

　　在墓室東南壁下端繪有五人，他們均身著圓領袍服，頭戴襆頭（後代俗稱為「烏紗帽」）或渾裹（古代巾帽名，是頭巾一類的東西，大多為教坊、雜劇人所用）。中間一人頭紮軟巾渾裹，袒胸露腹，雙腳分開站立，身體和臉都轉向西邊，面部表情詼諧誇張；西邊兩人中的一人右手伸向前方，像是撲打中間的表演者，另一人漫漶；東邊兩人雙手拿著笏板，他們在表演雜劇。

　　宋時，由於經濟的發展，在北方一些重要都市，勾欄瓦舍和創作機構「書會」應運而生，特別是民間文學「話本」的出現，深刻地反映了社會生活，細緻地刻劃了不同階層的人物，為戲劇藝術的發展奠定了堅實基礎。而宋代的地主階層為了享樂，在家養雜劇班子或請雜劇班子到家裡唱堂會之風十分盛行。

　　除了上面提到的雜劇圖，河南一帶還發現了許多雜劇壁畫和磚雕，其中最著名的有1952年在禹縣白沙宋墓出土的戲劇人物磚雕，和1958年在偃師酒流溝出土的宋墓雜劇磚雕。它們的共同特徵是雜劇圖都位於夫婦宴飲圖對面，從宋墓磚雕壁畫中可以看出雜劇在當時已成風俗。

二十六、你們還真敢說啊

宋朝雜劇與時事政治

由隋朝開始的科舉制度到宋朝發展得更為完善，很多才子為了能走上仕途，便拼了命地往官場裡面鑽。而在這個過程中，大詩人李商隱可就遭罪了。為什麼這麼說呢？因為宋朝的才子大都喜歡參考李商隱的文風，所以在當時盲目效仿的人特別多。這個時候，宋代雜劇中就有反映這種情況的表演出現了。

在表演中，一個演員首先上場，穿的衣服破爛不堪，背後還寫著「李商隱」三個大字。另一個演員一見這人，心裡想，這人怎麼這個德行啊？那個穿破衣服的人就說：「唉，我也不容易啊。現在一到考試的時候，我這衣服就要比平時少很多。因為很多考生都會從我身上扯點這個，拉點那個，然後拼吧拼吧，就成自己的了。所以這樣一來，我的衣服已經沒有完整的地方了。」這種表演正好給當時那些走「歪門邪道」的考生敲了一記警鐘，也讓看表演的人會心一笑。

當然，如果只是針對時事下手的話，那宋朝的雜劇演員們還算不上厲害，最為強大的是他們還敢透過表演，對當時的國家政務等進行諷刺和批評。比如，有一次，宋高宗

為了替他的愛臣秦檜慶功，特意大擺宴席，在宴席上還邀請了一位當時很受歡迎的著名表演藝術家，於是，滑稽的一齣戲就在宴席上出現了。

表演一開場，表演的人就站在臺前，慷慨激昂、催人淚下地說了很多為高宗和秦檜歌功頌德的話，這種誇獎的話讓高宗和秦檜很是受用，因此都在座上得意地聽著。突然，一個演員忽然摔了一個大跟頭，帽子飛出去好遠，髮環就露了出來。

這時候就有人問：「你頭上戴的是什麼啊？」演員回答說：「這叫二聖環。」這是很流行的一種髮環，但卻和當時最流行的口號「恢復中原，迎還徽欽二聖」同音。

這還得了？於是，另外一個表演者趕緊上前，一巴掌打在摔倒者的臉上，一臉怒氣地說：「你老實坐你的丈量椅，領你的高薪厚祿，至於二聖環，應該把它放置腦後才是。」這句話很明顯地諷刺了當朝宰相秦檜，而這個表演也使得宋高宗和秦檜猶如口吃黃連，有苦說不出，卻贏得了愛國者們的暗地稱讚。

5.

那些從宋朝開始出現的事物

一、其實我們的足球曾經強過
宋朝的蹴鞠

　　提到宋朝的運動，恐怕人們第一個想到的就是蹴鞠，這可是很多喜愛足球的人的一大驕傲。如果說現代的足球起源於英國的話，那麼世界上最早的足球運動出現在中國的宋朝。但僅僅是這樣，恐怕也不一定能讓蹴鞠這麼有名。它之所以出名的原因，還有一個就是《水滸傳》。《水滸傳》裡那個最壞的太尉高俅，就是因為蹴鞠技術高超，才深得皇上的喜愛，成為太尉，並有機會害死那些梁山好漢的。

　　施耐庵的《水滸傳》中，寫了一個憑藉蹴鞠發跡當了太尉的高俅。小說雖然在人物事蹟和性格上做了誇張，但基本上描述的也是宋代的事實。北宋的確有個人叫高俅，也的確是因為陪侍宋徽宗蹴鞠而被提拔當了殿前都指揮使，這件事有記錄在王明清的《揮塵錄》中。

　　高俅因蹴鞠而發跡，告訴了我們這樣兩件事：一是宋代的皇帝和官僚貴族都是喜愛蹴鞠的，有些人是本身愛蹴鞠，有些人則是愛看蹴鞠。

　　北京故宮博物院中收藏了一幅元錢選臨摹的《宋太祖蹴鞠圖》，描繪的就是當時的情景。宋代禮儀規定，朝廷有大的喜慶宴會，都要有蹴鞠表演。在喝了第六杯酒之後，

蹴鞠藝人便上場表演蹴鞠。說到這裡還挺有意思的，人家那時候蹴鞠的不叫運動員，而叫藝人，從宋朝開始，在社會上就有了專門靠蹴鞠技藝維持生活的蹴鞠藝人。據記載，北宋開封城和南宋臨安城，在皇宮宴會上表演蹴鞠的名手，就有蘇述、孟宣、張俊、李正等；在市井瓦子裡的蹴鞠藝人，有黃如意、范老兒、小孫、張明、蔡潤等。

△清刻本《水滸傳》第一回《端王府高俅展球技》插圖。

二、蹴鞠也能當官

宋朝的蹴鞠藝人們

　　劉攽在《中山詩話》中寫了一個經歷類似高俅的人物叫柳三複。柳三複其實不是個健碩的人，而是一個手無縛雞之力的秀才，但與其他秀才不同的是，他是一個蹴鞠高手。

　　這傢伙命也不算好，雖然是個秀才，但考不上功名，再加上他的官運也不亨通，好幾年都當不上官，這可令他十分憂愁：怎麼才能當官呢？怎麼才能讓自己生活得好點呢？為了這件事他可以說是絞盡了腦汁。

　　從一些途徑，他打聽到了當時的宰相丁謂非常喜歡蹴鞠，他就想，能不能透過走這條門路來獲得個一官半職。

　　當時的宰相，就相當於現在的總理。宰相辦公的地方，豈是一介草民想進去就能進去的？不過，自古以來財能通神，在當時如果你真想見的話，也還是有辦法的，那就是拿點錢去賄賂門房。但柳三複是一個窮秀才，他要是能拿出這錢來，還用愁什麼生活啊。所以他沒有能託話的人，又拿不出錢財賄賂丁謂的門房求得接見。怎麼辦呢？

　　話說，還真讓他想到了一個辦法──守株待兔總行了吧。於是，他天天什麼都不做，就在丁謂家球場的牆外，找個牆角一蹲就等著。機會總會有的，兔子總會來的。

　　就這麼巧，一天，丁謂踢的球飛出了牆外，柳三複一看，樂了。這機會不就來了嗎？他撿了球，喜滋滋地拿著準備去還給丁謂，其實要是看門的不讓進，他也不能說什麼，但看他那樣子，看門的也沒說什麼，居然就放他進去了。

　　他見了丁謂之後，順勢把手中的球拋在空中，一面跪拜，一面用肩、背、頭頂球，就這樣，球也一直沒掉在地上。丁謂一看，這小夥子技術不錯，竟然不由得哈哈大笑起來，柳三複也就在哈哈大笑聲中獲得了一個小小的官職。

　　可以說，高俅和柳三複都是蹴鞠藝人中的幸運兒，靠著皇帝和官僚的賞識，得了官職，但其他蹴鞠藝人就沒有他們這麼好的運氣了。在當時，很多蹴鞠藝人是在社會壓榨和饑寒中掙扎生活著。

　　封建社會的士大夫，對蹴鞠藝人是打從心眼裡就看不起的，甚至公然稱他們為「賤人」「寒賤之子」。雖然在喜慶宴會上、蹴鞠藝人的表演能給官僚貴族帶來欣賞技藝的歡樂，但官僚貴族並不會因此就滿足，也不會真的因為你踢得好就給你點錢，封你個官，這些還都是要靠運氣的。

　　不僅如此，他們還給蹴鞠藝人制定了苛刻的罰則。罰則規定：凡是輸球隊的隊長，要在臉上抹上白粉，並挨麻鞭子抽打。兩支隊伍比賽，肯定總是有一輸一贏，我們常說輸球不輸人，但在宋朝，蹴鞠藝人在表演了球技之後輸了，還要受一番羞辱，這真是非人的生活。

　　那麼在宋朝，蹴鞠是否真的像人們所知道的那樣流行呢？我們不妨來看一看。

三、宋前蹴鞠簡況

「蹴鞠」一詞，最早載於《史記・蘇秦列傳》，蘇秦遊說齊宣王時形容一個叫臨菑的地方的時候說：「臨菑甚富而實，其民無不吹竽、鼓瑟、彈琴擊築，鬥雞走狗，六博蹋鞠。」這裡面的「蹋」就是「蹴」，也就是踢的意思，「鞠」，就是球了，也就是古代的足球。

除此之外，在漢代的《西京雜記》《鹽鐵論》《蹴鞠新書》《別錄》中都有關於蹴鞠的記載。到了三國兩晉南北朝，蹴鞠這種運動仍然保留了下來，而且很流行。

到了唐朝，蹴鞠仍然是一項很普遍的運動。杜甫有一首詩就寫道：「十年蹴鞠將雛遠，萬里秋千風俗同。」雖然唐朝保留了前朝的蹴鞠運動，但是蹴鞠在原有的基礎上有了很大的發展，主要表現在以下三個方面：

一、有了充氣的球

在《宋朝事實類苑》中有記載說：「顏師古注霍去病穿域蹋鞠云：『鞠以皮為之，實以毛，蹴蹋而戲也。』顏謂鞠乃如此，至晚唐已不同矣。」唐徐堅在《初學記》中也寫道：「今蹴鞠曰戲球。古用毛纖結之，今用皮，以胞為裡噓氣閉而蹴之。」可見從那時候開始，足球已經不只是

硬硬的皮球而已，皮球肚子裡頭已經開始能充氣了，踢上去的腳感也更好。

二、設立了球門

《文獻通考》中說：「蹴球蓋始於唐，植兩修竹，高數丈，絡網於上，為門以度球；球二分左右朋，以角勝負否，豈非時鞠之變歟？」可見那個時候有了球門，蹴鞠就不是你搶來，我奪去了，而是開始往球門裡踢了。

三、踢法多樣

在唐朝，還有雙球門的踢法，唐人仲無顏的《氣球賦》中就有相關記載。至於單球門的踢法，從《蹴鞠圖譜》中就可窺一斑。除此之外，竟然還有無球門的踢法。在現代人看來，無球門有什麼好踢的？踢來踢去也不知道要幹什麼。但古人的樂趣咱也確實理解不了，畢竟那時候不發達，有個足球玩就不錯了。這無球門的踢法是一人或幾個人單獨踢，稱為打鞠；二人對踢叫白打；三人以上共踢稱為場戶，如三人場戶、四人場戶。

△白釉黑彩蹴鞠圖瓷枕，長29.5公分，寬19.5公分，高10.5公分，河南博物院藏。

該枕為八角形，枕面繪黑彩開光童子蹴鞠圖，四壁繪黑彩纏枝花葉紋一周，底部印「張家造」三字。

四、踢出新花樣

宋代蹴鞠的新特色

蹴鞠到了宋代，在唐代的基礎上又有了很大的發展，在一定程度上展現了宋代的特色。那麼宋朝的蹴鞠有什麼樣的特色呢？我們不妨一起來看一看。

首先表現最明顯的就是鞠球的製作工藝有了很大的發展。

《宋朝事實類苑》中記載說：「歸氏子弟嘲皮日休云：八片尖斜砌作球，火中燂了水中揉，一包閒氣如常在，惹踢招拳卒未休。」這裡間接記述了唐代的鞠球。咱們在前面就講到唐朝的鞠球已經能充氣了，這裡再進一步說明宋朝鞠球的樣子。在宋朝，鞠球已經不像以前那樣由兩片球殼合成，而是由六片或八片尖片縫成。

《宋朝事實類苑》中還寫道：「今所作牛犥胞，納氣而張之，則喜跳躍。」

在宋朝，一個球要用十到十二張牛皮縫製而成。「用十張牛皮縫做一大氣球去踢」是當時官員想使公務輕鬆化時常用的一個比喻。陳元靚曾言：「十二香皮，裁成圓錦。」

《蹴鞠譜》說其工藝「密砌縫成侵不露線角，嵌縫深窩，梨花可戲，虎掌堪觀，側金錢短難縫，六葉桃兒偏羨。」

這麼一來，我們真要誇一誇宋朝人了。正是因為宋朝鞠

球發生了這些變化，才使得球更容易踢，也就吸引了大量的人來蹴鞠。這為蹴鞠能夠傳到後代，打下了很好的群眾基礎，當然，一個好鞠球的出現，也反映了宋代的生產技術水準是相當高的。

此外，宋朝還取消了雙球門的踢法，這點也是我們無法理解的。要說現代足球，正是因為你把球踢進我門裡，我把球踢進你門裡，才有了對抗性，才使得比賽變得緊張有趣。唐朝明明就已經有了雙球門的踢法，怎麼到宋朝就給取消了呢？可以說，宋朝的這種單球門的蹴鞠運動就是不科學的，所以是蹴鞠運動的一種退步。

相比之下對抗性雖然減弱，但是它的表演性增強了，這使得宋代的蹴鞠逐漸往雜耍方向發展。可以說是往著技巧性和準確性的方向一路飛奔而去。

在孟元老的《東京夢華錄》中有記載說：「左右軍築球。殿前旋立球門，約高三丈許，雜彩結絡，留門一尺許。左軍球頭蘇述長腳襆頭紅錦襖，餘皆卷腳襆頭，亦紅錦襖十餘人。

右軍球頭孟宣並十餘人，皆青錦衣，樂部哨笛杖鼓斷送。左軍先以球團轉眾小築數遭，有一對次球頭，小築數下，待其端正，即供球與球頭，打大廉過球門，右軍承得球，複團轉眾小築數遭。

次球頭依前供球與球頭，以大廉打過，或有則便複過者勝。勝者賜以銀碗錦彩。拜舞謝恩，以賜錦共披而拜也，不勝者球頭吃鞭。」

這上面說的就是宋朝比賽時的情景，不僅有對比賽的詳細描述，還有對勝負者所得的獎勵和懲罰的描述。從這裡

也可以看出來，輸球的人連人都輸啦，真是慘到一定程度了。

唐代用「挾」接對方的球，宋代用「踢」來接，這從技術上來說可就是比較先進了。最主要的是人家能準確地將球踢過小小的球門，這可真是不易。那時候的球門可比現在小多了，人家都能射得進去。你看看現在，那麼大個球門，雖然說有守門員，但保持九十分鐘射不進球這件事，也算是奇葩了。

正因為蹴鞠的技術高，宋代就已經有蹴鞠大師了。那些大師透過自己的經驗總結歸納出了肩（肩如手中持重物），背（用背慢下快回頭），拐（拐要控膝蹲腰取），搭（用伸腰不起頭），控（控時須用雙眼顧），捺（用肩尖微指高），拽（時且用身先倒），膝（右膝左手略微高），拍（胸拍使了低頭覷），臁（何必頻頻問綠楊）所謂的「十踢法」。從上面描述看，這樣的蹴鞠技術，已經無限接近於現代的足球運動技術了。

不僅如此，宋朝還出現了專門的蹴鞠組織，且有嚴格的規定。南宋周密寫的《武林舊事》裡把民間球會稱為「齊雲社」或「圓社」，其中的「齊雲社」，元末明初的施耐庵寫《水滸傳》時還提到過。南宋掌故家陳元靚曾言：「若論風流，無過圓社。」

為什麼在當時會有類似球隊的球社產生，也是值得研究的。據說，專家認為主要有兩點原因。一是因為蹴鞠技術難以掌握，需專門學習和長期練習，於是專門研究、傳授蹴鞠技術的市民社團便應運而生；二是城市的經濟文化發達，蹴鞠人數日增，這也就要求蹴鞠運動行業化，有組織化。

在齊雲社中，有嚴格的社規，如《齊雲社規》。對運動

員修身養性做出了嚴格的要求，同時提倡運動衛生，這就使宋代蹴鞠運動日益規範化、組織化、科學化。除了上面提到的各方面與蹴鞠相關的發展外，到了宋朝還有專門歌詠蹴鞠的作品出現。

在《事林廣記》中有「圓社市語」，它共用中呂宮《紫蘇丸》《縷縷金》《好女兒》《大夫娘》《好孩兒》《賺》《越恁好》《鵲打兔》《尾聲》九支曲牌來歌唱蹴鞠運動，這些曲牌就相當於我們現在的流行歌曲。從這方面足以見得蹴鞠運動對宋朝人民生活的影響。

既然影響這麼廣泛和深遠，那宋代整個社會肯定都普及蹴鞠，這麼說確實是沒錯的。在宋代，上到皇帝官員，下到平民百姓，都蹴鞠踢得不亦樂乎。你問我怎麼知道的，當然是看歷史資料了。

在宋人筆記、宋代遺存中就能發現這一點，不信你看下面這些史料中關於蹴鞠的記載：

《宋史‧太宗本紀》：「太平興國五年三月戊子，會親王、宰相、淮海國王及從臣蹴鞠大明殿。」

《宋史‧李邦彥傳》：「邦彥俊爽，……能蹴鞠……自號李浪子。」

《三朝北盟會編》：「嘗自言賞盡天下花，踢盡天下球……」

《東京夢華錄‧駕辛寶津樓宴殿》：「殿之西有射殿，殿之南有橫街，牙道柳徑，乃都人擊球之所。」

《夢粱錄‧社會》：「更有蹴鞠、打球、射水弩社，則非仕宦者為之，蓋一等富室郎君，風流子弟，與閒人所習也。」

《都城紀勝・社會》：「又有蹴鞠打球社……」

不光有史料記載，現在如果你去湖南省博物館或者中國歷史博物館，都能看到在那裡收藏著兩面相同的宋代蹴鞠紋銅鏡，而在河北邢台出土的宋代白瓷枕上也繪有兒童蹴鞠的情景。同時，現在還能看到以宋朝婦女們蹴鞠為圖案的陶瓷枕。

上面所說的這些，雖然只是宋人生活情景的點滴反映，但它們在某種程度上也說明了蹴鞠在宋代的普及。

我們常常說宋朝人愛生活，愛運動，其實他們也和現代人一樣，有經商的頭腦。因為看到蹴鞠這麼受人們歡迎，有些商人就開動了腦筋。根據史料記載，有一位叫黃尖嘴的商人，開了一間「蹴球茶坊」。

這不就是我們今天說的以足球為主題的足球主題酒吧嗎？看看人家那思維，在一千多年前，就已經進行這種方式的經營了。

還有一位賣油的老闆給自己的店取名叫「角球店」。雖然這都是商人們促銷的手段，但在很大程度上反映出宋朝人民對蹴鞠這種運動的喜愛。

正是因為蹴鞠的踢法多樣，觀賞性強，有些商人為了適應城市商品經濟發展的需要，就引入了商業機制，以此來達到吸引遊客的目的，如《武林舊事・放春》中描繪道：「將苑使有小圃不滿二畝，而花木合匝，亭榭奇巧，春時悉以所有書畫、玩器、冠花、器弄之物，羅列滿前……且立標杆射垛，及秋千、梭門、鬥雞、蹴鞠諸戲事，以娛遊客。」這些都說明了宋代蹴鞠的普及程度。

△《宋太祖蹴鞠圖》。該圖描繪了宋太祖等六人用白打方式
　蹴鞠嬉戲的場景，神態逼真。

　蹴鞠，可以說是足球的最初形態，在宋代，上至皇帝下至
　平民，無不喜愛，宋太祖趙匡胤本人更是蹴鞠高手。

五、怎麼就普及了呢？

宋代蹴鞠普及的原因

　　每一種社會現象的產生，必然與當時的社會大背景分不開，也必有其產生的原因。那麼宋朝蹴鞠的流行是什麼原因引起的呢？我們就來分析一下。

　　第一點，也是對老百姓最有作用的一點，原因就是蹴鞠能夠強身健體。就跟現在流行什麼運動一樣，只要能鍛鍊身體，百姓就喜聞樂見。

　　研究體育史的專家也說蹴鞠可強健身體，專家稱它：「運動肢節，善使血脈調和，有輕身體之功，勝華倫五禽之戲。」所以它易為人們所接受。蹴鞠能成為人們當時喜愛的運動也就不足為奇了。

　　第二點，是受廣大上層人士喜歡的原因。這種表演形式的運動在宋代有助興的功能。宋代在後宮舉行宴會時，就常有蹴鞠表演，給大家助興。表演的時候，常常是皇帝、后妃邊吃邊看，大臣們在一旁陪侍。

　　第三點，我們在前面提到，有人因為蹴鞠技術好而飛黃騰達，比如說高俅。每每談到因球技高超而被賞識的人時，大家肯定第一時間都會想到高俅。

　　根據《揮塵錄》記載：「（王晉卿）至晚，遣俅齎往，

值王在園中蹴鞠，俟候報之際，睥睨不已。王呼令對蹴，深愜王意，大喜。呼隸輩云：『可往傳語都尉，既謝篦刀之貺，並所送人皆輟留矣。』由是日見親信。逾月，王登寶位。眷渥甚厚，不次遷拜。其儕類援以祈恩。上曰：『汝曹爭如彼好腳跡耶！』數年間建節，尋至使相……恩幸無比。」而在《宋朝事實類苑》中載：「國朝士人柳三複最能之，丁晉公亦好焉……，初柳為進士，欲見晉公無由，會晉公蹴後園，柳往伺之，毬果並出，柳即挾取。左右以告，晉公亦素聞柳名。即召之，柳自襴懷所素業，首戴球以入，見晉公再拜者三，出懷中書，又再拜、每拜輒轉至背膂間，既起複在襆頭上，晉公大奇之，留為門下客。」這也就是我們在開始時講到的故事。雖然你可能說這種情況是特例，但正是有類似的情形發生，才會讓越來越多的人趨之若鶩，很多人都希望能夠憑藉蹴鞠技術換得榮華富貴。

第四點，蹴鞠這種群體運動也可以達到聯絡感情的作用。宋朝的很多皇帝都喜歡蹴鞠，蹴鞠不是一個人的運動，總得有一群人來玩。那麼在這個時候，皇帝和大臣之間就可以透過蹴鞠來增進感情。

大家想像一下，高高在上的皇帝突然有天走下神壇和大家同樂，這不是每個人都盼著的事情嗎？

最後一點，也是我們最需要強調的一點，那就是宋代商品經濟的推動。由於重文抑武，重商抑農，宋朝的商品經濟異常繁榮，這也為當時的民眾追求高品質的精神生活提供了很好的商業基礎。也因為當時人們的精神生活極其豐富，很多東西才得以流行，蹴鞠正好適應了這一時代發展的潮流，為宋代特有的市民文化生活增添了濃重的一筆。

雖然宋代以後（尤其在明清）由於各方面的影響，蹴鞠運動逐步走向沒落，但是宋代的蹴鞠運動在中國乃至世界體育史上，占有一席之地的情況是不可忽視的，它是中國足球史上最為輝煌的一筆。

△盤樂宋墓西壁雜劇壁畫（局部），從此圖可大略窺見宋雜劇的形式

六、宋朝的大球星們

宋朝的蹴鞠高手

如此高水準的體育活動，自然少不了明星。縱觀整個北宋，高水準的蹴鞠者不乏其人，其中最著名的莫過於以下四位：

宋太祖趙匡胤

從歷史上流傳下來的畫像看，趙匡胤有點肥肥的感覺。而事實上，他不僅馬上功夫了得，足下功夫也是萬裡挑一。在現存的《宋太祖蹴鞠圖》中，就描繪了宋太祖與其弟趙光義、宰相趙普等六人用白打方式蹴鞠嬉戲的場景。

趙匡胤的蹴鞠技術在當時是赫赫有名的，尤其擅長白打（現在人們通常稱之為「花式足球」），即蹴鞠時，頭、肩、背、腹、膝、足等部位可以接觸球，靈活變化，隨心所欲。

蘇述

他當時在京城開封的名氣很大，就連皇上都是他的超級粉絲。他的場上表現在《東京夢華錄》中有比較詳細的記述。

南宋《武林舊事》也列出了部分球星——「築球三十二

人」的名字，當時參賽人員較漢時的每隊十二人增加了四人，變成了十六人。

競賽時兩隊的名單與位置：「左軍一十六人：球頭張俊、蹺球王憐、正挾朱選、副挾施澤、左竿網丁詮、右竿網張林、散立胡椿等；右軍一十六人：球頭李正、蹺球朱珍、正挾朱選、副挾張寧、左竿網徐賓、右竿網王用、散立陳俊等。」我想，這應該是歷史上第一份足球「先發名單」了。

丁謂

這個人的名聲很差，因為他曾經陷害了著名的宰相寇準，但是，他的蹴鞠技術卻是很棒的。宋人劉邠的《中山詩話》講述了一個故事：

秀才柳三複球技出眾，他知道宰相丁謂喜歡蹴鞠，為了升官，他天天等候在宰相府球場的圍牆外，有一天終於等到球飛出了牆外。這時，柳三複撿起球以還球為名進了相府，在拜見丁謂時，他把球拋在空中，一面跪拜，一面用頭、肩膀、後背等部位顛球，球一直未落地（如此球技即使放在現在也算相當了不得了），丁謂見此大悅，給了柳三複一個官職。

高俅

高俅以及他的球技大家都不會陌生，但到底他的水準有多高，史書的說法是有將「這氣球似膠黏在身上」的本事。

高俅原本是駙馬家的一個門人，有次到當時還是端王的趙佶（後來的宋徽宗）家裡辦事，而端王當時正在和下人

們蹴鞠，球落到了高俅面前，只見高俅抖擻精神，使了一個漂亮的「鴛鴦拐」，把球踢還給端王。行家一出手，便知有沒有。高俅憑這個鴛鴦拐，一下子把全場的人都給鎮住了。端王就向駙馬要來了高俅，後來他登基成為皇帝，就提拔高俅當了殿前都指揮使。

　　看看宋朝的蹴鞠，人家是上到皇帝，下到平民，無一人不參與其中，因此其發展程度之高也就可想而知了。

七、原來你就是訟師啊

律師

　　說到律師制度，很多人都不知道，它很有可能起源於中國。根據《呂氏春秋》記載，春秋早期鄭國有個叫鄧析的人，索要報酬幫人打官司，結果被鄭國執政大夫子產給殺了。

　　如果查起史籍來，我們會發現，當時的大夫子產是在西元前543年執政的，死於西元前522年。而當時，在號稱律師起源地的雅典城邦裡，還沒有像鄧析這樣接受報酬提供法律服務的人，而羅馬還沒有公布成文法，更談不上有這樣靠幫人打官司賺錢的行當。所以，鄧析可算是律師這個行業的祖師爺。

　　雖然在春秋早期就出現了這麼一位人士，但律師這個職業卻並沒有真正發展起來，所以將其說成律師的起源難免有些牽強。律師這個行業真正興起的時間是宋朝。

　　宋代出現的中國「律師」的雛形叫作「訟師」，主要就是給需要打官司的人提供訴訟、諮詢的服務，進而向客戶收取一定的費用。怎麼樣，聽起來就和現在的律師差不多吧。其實關於訟師，還有幾個更文雅的稱呼，一是「珥筆之民」，這是什麼意思呢？所謂的「珥筆」就是把筆夾到耳朵上。「珥筆之民」就是指那些把筆夾在耳朵上，隨時

替人家寫狀紙的人。

當然，這個稱呼主要出現在當時的江西地區。在黃庭堅的《江西道院賦》中，就這樣寫道：「江西之俗，士大夫多秀而文，其細民險而健，以終訟為能，由是玉石俱焚，名曰珥筆之民。」江西的諺語裡也寫：「瑞、袁、虔、吉，頭上插筆。」就是說把筆別在耳朵的上面。

另一種文雅的叫法是「傭筆之人」。專指沒在官府登記，只在民間代寫詞狀、招攬訴訟的人。史料中記載的「替為教引，借詞買狀」說的就是他們了。

第三個叫法是「茶食人」。其實早在宋朝，就已經有民間的公證機構書鋪的存在了。而在書鋪裡面專門負責替人寫訴狀的就是「茶食人」。他們一般都是稍稍有點文化，但是出身卻比較低賤，常常是吃了上頓沒下頓，只是偶爾替人寫寫狀紙，掙點小錢。

但大家不要以為他們一定是因為沒有什麼大能耐才這樣的，其實這些「茶食人」在打官司、寫狀紙方面是非常在行的。正所謂「兜攬教唆，出入官府，與吏為市，專一打話公事。」說的就是他們。

第四種稱為「健訟之民」。在宋朝陳襄撰寫的《州縣提綱》中對「健訟之民」有過相關的記載：「健訟之民朝出入官府，詞熟而語順，雖澆澆（形容爭辯的聲音）獨辯庭下，走吏莫敢誰何。」從這裡我們可以看出來，這些傳說中的「健訟之民」的能力相當強，他們和「茶食人」相比，不僅更加的熟諳官場，而且辯護能力那也是一等一的。

△南宋《孝經》圖卷，畫中表現了宋朝時衙門審案時的場
景，庭下的相關訴訟人都無須下跪，可見在宋朝時司法的
進步和民事訴訟的興盛。

　　雖然宋朝的訟師有這麼多種，但其實那些宋朝當官的人
是瞧不起他們的。在官員的眼中，這些訟師「專事健訟」，
簡直就是不務正業的典範。你說你們這些人，不好好靠種
田吃飯，反倒靠打官司、寫狀紙掙錢，要不是你們，那些
刁民哪來那麼多事，動不動就要打官司告狀。看見沒，當
官的不反思為什麼百姓會打官司告狀，反倒怪別人，這可
真是「睡不著覺賴枕頭歪」。

　　在有關宋朝的史料裡提到這些訟師，都是寫：「大凡市
井小民，鄉村百姓，本無好訟之心，皆是奸猾之徒教唆所
至」「使訟者欲去不得去，欲休不得休」。正因為官員們
看不起這些訟師，所以那時候訟師也被稱為「訟師官鬼」

或者「嘩魁訟師」。反正是不怎麼好聽的稱呼。

在沈括的《夢溪筆談》中也有過類似的記載：「世傳江西人好訟，有一書名『鄧思賢』，皆訟牒法也。其始則教以侮文。侮文不可得，則欺誣以取之，欺誣不可得，則求其罪劫之。蓋思賢，人名也。人傳其術，遂以之名書。村校中往往以授生徒」。這裡面說的是江西人好訟，再對比黃庭堅《江西道院賦》中所說，也不難得出當時訟師這個行業主要集中在江西這一帶。

而在南宋人周密寫的《癸辛雜識》中，也提到了這一點，他說：「江西人好訟，是以有簪筆之譏，往往有開訟學以教人者，如金科之法，出甲乙對答及嘩訐之語。蓋專門於此，從之者常數百人。」

從這些典籍的記載中，我們發現，原來宋朝時的訟師興起於江西，可以說在當時，訟風已經遍及江西城鄉，而且其程度甚至大有向全國普及的趨勢。並且訴訟在一定程度上也超出了民眾自發的階段，形成了專門的職業。為了適應這一職業的需求，「訟學」悄然而生。

而宋朝誕生的訟師群體，可以說就是中國最早的律師了。

八、王惟一鑄銅人

針灸

　　提到中醫，我們就不得不提針灸。筆者要說的是早在宋朝時期，中國就已經確定了針灸穴位的標準，而中國在針灸穴位的國際標準制定中，是完完全全地起到決定性作用的。

　　不用說別的，就說針灸銅人，它是由宋朝時期著名的針灸學家王惟一製作的。這可是個有名的東西，在針灸的發展史上有著不可磨滅的作用。

　　當時宋朝的皇帝對針灸可以說是相當感興趣。根據《宋史》記載，宋朝的開國皇帝趙匡胤曾經親自為他的弟弟趙光義進行針灸治療。史書上寫：「太宗嘗病亟，帝往視之，親為灼艾。太宗覺痛，帝亦取艾自灸。」這裡所說的灼艾就是針灸的「灸」。

　　在中國古代，針灸其實是分開的兩個詞，針是針法，灸是灸法。針法是現在我們常見的用針扎刺穴位進而達到治療的目的。而灸法則是用艾蒿草點燃後，對穴位進行熏灼。這兩種方法在很多時候都是配合使用的，所以放在一起稱為針灸。

　　而針灸在宋朝得到廣泛的發展是與當時的皇帝對針灸感興趣密不可分的。除了宋太祖和宋太宗外，宋朝的很多皇

帝都對針灸充滿了濃厚的興趣，其中最特別就是宋仁宗。

根據《畫墁錄》記載，宋仁宗曾經多次接受針灸治療。「嘉祐初，仁宗寢疾，藥無效。下詔草澤，始用針自腦後刺入。針方出，開眼曰：『好惺惺！』翌日，聖體良已，自爾以其穴目為『惺惺穴』。」

而在《宋人軼事》一書中，也提到了：「仁宗嘗患腰痛，李公主薦一顆卒治之，用針刺腰。才出，即奏曰：『官家起行。』上如其言，行步如故。賜號『興龍穴』。」要說皇上就是任性，連穴位都能自己取名，這待遇我們這些普通老百姓是別想的。

正是由於宋朝皇帝對針灸的喜愛，統一當時的針灸學說就成為了社會的需要。另一個原因也是因為新穴位不斷被發現，使得針灸學需要不斷向前發展。

而除此之外，由於之前的針灸學書籍在臨床應用的時候出現了很多醫療事故，宋朝的醫者發現過去的典籍中，有關針灸方面的學說存在諸多錯誤，因此，開始著手對針灸學說進行大規模的整理。

王惟一製作的針灸銅人就是在這一時期應運而生的。當時宋仁宗為了統一各醫家關於針灸的不同學說，讓王惟一編繪一張規範的針灸圖譜。王惟一為此將《內經》與《難經》中的理論與廣泛收集的各家對針灸醫學的見識融合在一起，並結合自己的臨床經驗，於宋仁宗天聖四年（西元1026年），奉旨撰成《銅人腧穴針灸圖經》三卷，並附有《穴腧都數》一卷。

《銅人腧穴針灸圖經》又名《新鑄銅人針灸圖經》，簡稱《銅人經》或《銅人》。

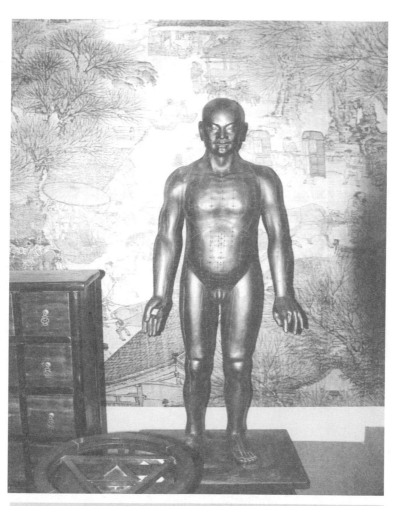

△王惟一所鑄造的銅人是已知中國最早的針灸模型，宋代以
　後各朝均將其視為國寶，因於天聖年間製成，因此稱為
　「天聖銅人」。北宋亡後，幾經滄桑，據說至明朝正統年
　間被毀。圖為中國國家圖書館之非物質文化遺產保護成果
　展上展出的仿「天聖銅人」。

宋仁宗看過之後，非常高興，轉念一想，這麼好的東西，不能光皇家使用，也得讓它流傳到民間，甚至要留給後代使用，於是就又下了一道命令：「御編圖經已經完成，把它刻在石上，以便傳給後代」，就這樣刻有《銅人針灸圖經》的七塊石碑得以流傳於世。

為了使穴位不再出現錯誤混亂，同時使《銅人腧穴針灸圖經》有圖有文，便於人們學習和研究，朝廷又命王惟一鑄造針灸腧穴銅人模型。

接旨後，王惟一親自設計銅人，從塑胚、製模以至鑄造的全部過程，他都和工匠們生活、工作在一起，攻克了無數技術難關，終於在西元1027年鑄成了兩座針灸銅人。

鑄成後，仁宗讚不絕口，把它們當作精湛的藝術品，下令把一座銅人放在醫官院，讓醫生們學習參考；另一座則放在宮裡供鑑賞。

銅人上明確地標注了十二經脈的脈絡及穴位。而銅人身上的內臟器官所在的位置，經脈的運行路線，穴位的精準等方面以我們現代的眼光來看，都已經達到了十分精確的地步。

從銅人的身上，我們也能發現，那個時候就已經將12條經脈和354個穴位名明確標示出來了。可以說，王惟一制定的就是中國最早的針灸穴位的國家標準，到後來又逐漸發展為今天的359個穴位。

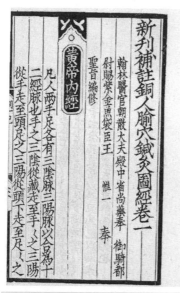

△《銅人腧穴針灸圖經》，1026年宋代王惟一撰寫，書中載
　穴354名，657個，全面總結了宋代以前的針灸經驗。

九、1500年前的「工業奇蹟」

煤炭

在唐朝時，人們賴以生存的燃料主要還是木炭，這一點從唐朝大詩人白居易的《賣炭翁》中，就能夠感受出來。那個時候木炭這種東西，可以說是富人們生活中不可缺少的重要生活用品之一。窮人們就沒這個福氣了，貧苦百姓家中最常用的可能就是柴了。

在《壇經》中有記載說，佛教禪宗的創始人六祖慧能在出家之前就是個賣柴火的。那麼我們現在生活中廣泛應用到的煤是在什麼時候出現，並得到了大範圍使用的呢？說到這裡您一定就已經猜到了，是宋朝。

《水滸傳》中有位綽號叫「拼命三郎」的就是以賣柴為生，那麼我們可以推斷出，宋朝百姓的主要燃料其實還是柴，但煤這種高級燃料卻是在宋朝時得到了廣泛使用和推廣的。

當然，那個時候，人們不知道煤叫做「煤」。所以那個時候煤的名稱是「石炭」。「昔汴都數百萬家，盡仰石炭，無一家燃薪者」，指的就是這種現象。我們知道薪是指柴，那麼這裡的石炭，其實就是我們今天使用的煤了。

中國有五千多年的歷史，可謂是歷史悠久，煤這種東西

在老祖宗的眼裡並不是什麼新鮮事物。早在漢朝時，就有人拿煤炭來做燃料了，但那時候多用於冶鐵。

現代挖掘的鄭州古滎冶鐵遺址中，就發現煤渣和煤餅，在鞏縣鐵生溝的漢代冶鐵遺址中還發現了原煤塊。而現代所發現的宋代耀州瓷窯遺址中也發現了不少煤塊。和許多中國名瓷一樣，耀瓷的發展與煤炭有著密切的關係。同時耀州也以冶鐵出名。

而在四川，當時的人們要用煤炭來煮鹽，再用鹽醃製泡菜。在川北發現的古代「禁採煤炭碑」寫道：「自宋季開始挖煤以來，迄今五百餘載。」

上面我們說煤在宋朝時被稱為「石炭」。「石炭」後來被寫成「碳」。在很多地方方言中，至今仍然將煤說成「碳」；而日本也稱煤為「碳」。可見中國文化的影響是多麼深遠。

說到煤，大家第一個想到的地區可能就是盛產煤的山西。其實山西早在宋朝時就已經是產煤大省了。「河東鐵，炭最盛。」這裡的河東，就是宋朝時期的山西。

在當時的記載中還稱「以地寒民貧，仰石炭以生」。早在宋仁宗時期，晉、澤、石三州在鑄造鐵錢的時候，就是依賴於煤炭資源的。而這在歷史上也是有相關記載的，熙寧八年（1075年），神宗皇帝在一次詔書中令「河東鑄錢七十萬緡外，增鑄小錢三十萬緡」。

在河東鑄錢，就是因為當時的通用貨幣是鐵錢，而鑄鐵要用到爐火，生爐火所用的燃料就是山西所出產的煤。

而當時與山西一河之隔的陝北，在那個時候就已經因為燒柴等原因對森林進行無節制的砍伐，進而使森林消失，

最終成為了水土流失嚴重的不毛之地，也就是今天的黃土高原。早在那個時候，黃土高原就已經變成了類似今天的樣子，但是當時在那裡卻還有煤炭可以開採，因此，那時候居住在黃土高原的人們，日子過得還是很繁榮的。

元豐年間，沈括適逢在延安任職，他在《夢溪筆談》中記載：「造煤人蓋未知石煙之利也。石炭煙亦大，墨人衣。予戲《延州詩》云：『二郎山下雪紛紛，旋卓穹廬學塞人。化盡素衣冬未老，石煙多似洛陽塵。』」。

他在這裡把煤燃燒形成的煙霧，記作洛陽塵，由此可見那個時候煤炭所造成的污染已經相當嚴重了。除了沈括所記載的，還有「沙堆套裡三條路，石炭煙中兩座城」等詩句，也是對當時煤炭對環境影響的描述和形容。

根據北京鋼鐵學院對宋朝出土的鐵器等的研究我們得出了一個結論，那就是宋朝鐵製品中含硫量是十分高的。高到什麼程度呢？如果和漢朝的鐵器做個對比的話，我們會發現宋朝時的硫含量至少高出漢代四到五倍。

煤炭的廣泛應用使得宋朝從缺木柴這種燃料危機的尷尬中解脫，而正是從此時開始，煤炭就成為了人們生活中不可缺少的資源。

也正是此時，隨著煤炭被廣泛使用，中國經歷了人類歷史上前所未有的能源革命，這使得中國的生活水準和工業水準達到當時世界的最高程度。

當馬可·波羅來到中國時，他為這種富庶和奢華所震驚，有一種說法是「一位歐洲君主的生活水準還比不上汴京一個看守城門的士兵」。

根據筆者查閱的資料顯示，當時中國人的生鐵年產量達

到12.5萬噸，而英國1720年的鐵產量才只有2萬噸。

在火器製造方面，帝國軍器監雇工達四萬多人，江陵府每月就可生產1000到2000只鐵火炮。大宋帝國的軍事工業體系龐大而完備，僅四川的弓弩院就可供應地方武庫「弓弩多至數十萬，箭數百萬枝」「工署南北作坊及弓弩院每年造鐵甲三萬二千，弓一千六百五十萬，各州造弓弩六百二十萬」。這些大規模生產要比歐洲產業革命早得多。

△《天工開物・豎井採煤》中詳細描繪了古代人民採煤運煤的情形。

可以說，宋朝時期對煤炭的廣泛應用，使得中國經歷了一場類似產業革命的燃料革命。這個現象在日本一位著名

的歷史學家宮崎市定的著作《中國的鐵》中，也很好地反映出來了。

他在書中寫道：「從唐末到宋初，中國發生了可以稱為燃料革命的一大事件，燃燒煤炭取得高熱，並利用煤炭煉鐵，使鐵擁有大量生產的可能。這就在世界史上出現了遠東的優越地位。」

而宋朝憑藉對煤炭的應用，在冶鐵業、兵器製造業、錢幣鑄造業，陶瓷業以及造船業等方面都遙遙領先於世界水準，煤炭在當時成為了助力宋朝發展的不可估量的動力。

其實，筆者認為，如果真要說第一次產業革命的話，宋朝時期由於燃料革命而對各行業起到的巨大的推動力，應該算作是歷史上的第一次產業革命。

而同樣由於煤炭引發的所謂第一次產業革命所在的歐洲，與中國相比，晚了將近六百年。可以說咱們老祖宗已經開始用煤的時候，歐洲還處於黑暗的中世紀。

而中國最著名的四大發明中的三種：指南針、火藥、印刷術也都是在這個時期出現的。宋朝可以說是中國發展的一個巔峰時期，卻生生地被蒙古人的鐵蹄阻斷了變得更加強大的道路。

要說當時的宋朝到底發達到什麼程度，筆者也查閱了一些相關資料，歐洲是在1830年才開始使用煤炭的，當時法國巴黎所需要的近五十萬立方米燃料中，煤炭的使用率僅占四分之一。而這已經是在宋朝將煤炭作為主要燃料的幾百年之後了。

對於宋朝的強大，外國的學者們也是不吝於讚美的言詞。英國歷史學家約翰·霍布森在《西方文明的東方起源》

中寫道：「工業大師是中國，而不是英國。中國『工業奇蹟』的發生有1500多年歷史，並在宋朝大變革時期達到了頂峰——這比英國進入工業化階段早了約600年……正是中國宋朝許多技術和思想上的重大成就的傳播，才大大地促進了西方的興起。」

十、新能源的開發

石油

　　除了煤炭外，在現代廣泛使用的能源恐怕就是石油了。可以說石油才是現代最重要的能源。可是大家知道不知道，石油的發現，最早也是在中國，而這個歷史最遠可以追溯到漢朝時期。

　　在班固的《漢書・地理志》中就記載說：「高奴，有洧水，可蘸。」這裡的高奴是今天的陝西西安一帶，洧水是延河的一條支流，「蘸」就是古代的「燃」字。

　　這就告訴了我們一件事，在當時的西安這一帶的洧水河面上，有像油一樣可以燃燒的東西，看看，這不就是石油嗎？由此可見，早在漢朝中國就已經在陝北地區發現了可以當作能源的陝北石油。

　　而在北魏時期的地理著作《水經注》中也介紹了從石油中提取潤滑油的相關情況。英國科學家李約瑟在他的論文中也指出：「在西元10世紀，中國就已經有石油，而且能夠做到大量使用。由此可見，在這之前中國人就已經能夠對原油進行加工了。」

　　當然，在那個時候，石油還不叫石油。而真正使用石油這個稱呼的，則是我們在此之前屢屢提到的宋朝偉大政治

家、科學家沈括。在《夢溪筆談》中，石油這個詞第一次出現在中國人的面前。這也是世界歷史上第一次使用「石油」這個詞，不僅如此，沈括還對這個在當時並不熟悉的「石油」做了一個特別詳細的記載。

在《夢溪筆談》的第二十四卷中，他寫道「鄜、延境內有石油，舊說高奴縣出『脂水』，即此也。生於水際，沙石與泉水相雜，惘惘而出。土人以雉尾裹之，乃采入缶中。頗似淳漆。燃之如麻，但煙甚濃，所沾幄幕皆黑。予疑其煙可用，試掃其煤以為墨，黑光如漆，松墨不及也，遂大為之，其識文為『延川石液』者是也。此物後必大行於世，自予始為之。蓋石油至多，生於地中無窮，不若松木有時而竭。」

這裡的鄜延在今天的陝西，照理來說陝西這個地方又是煤又是石油的，日子不應該像現在這樣冷清啊，可見那些資源在當時就已經用得差不多了，所以現在的陝西就成了真正的「黃土高原」了。

從沈括所寫的東西中，我們也可以看出，石油是摻在水邊的沙石當中，隨著泉水的流動而滲出地平面。而當時的人們都是用羽毛等東西把它收入罐子或瓶子當中。

石油在燃燒時會產生很大的煙，而這些煙過之處，暴露在外的東西則無一避免地被熏黑了。聰明的沈括則認為石油燃燒所產生的煙可以用來製墨，而經過他的親自實驗，竟然還真的成功了。而這種墨居然比用松煙做出來的墨還要好。於是，有經濟頭腦的他就對這種墨進行了大量的生產，並標上「延川石液」的標記。

△標有「延川石液」的墨塊。

　　沈括不僅發現了石油並且也知道了它的用途。雖然他當時所謂的用途著重於煙墨製造，但他卻預料到「此物後必大行於世」，這項遠見為今天所驗證。而今天我們所說「石油」二字也是他最先使用的，並寫了中國最早的一首石油詩：「二郎山下雪紛紛，旋卓穹廬學塞人。化盡素衣冬未老，石油多似洛陽塵。」

　　而在今天，石油的使用已經超越了沈括的想像，已經和我們的生活密不可分，雖然因為歷史的局限性，這是沈括所無法想到的，但我們也不得不感歎沈括那精明的頭腦和宋朝人在能源領域中，為世界所做出的貢獻。

十一、法治社會的進步

實名制

　　我們在看武俠小說或者古裝電視劇的時候會發現一件奇怪的事，就是那個時候的官府查案，查到客棧的時候，大多會要店家拿出登記名冊來看。那麼問題來了，古代住旅館也是需要用身分證實名登記的嗎？那個時候有身分證這種東西嗎？

　　在元朝時，一位有名的國際友人馬可·波羅的《馬可·波羅遊記》中記載了關於住宿的一些相關細節，其中就提到了需要進行實名登記這一項。他的話翻譯過來就是「要將投宿的客人的姓名寫在一個小簿子上，注明他們來去的日期和具體時間，這種簿子每日須交一份給那些官吏。」

　　從他的描述中我們也可以看出來，古人對住宿方面的管制是相當嚴的。也會查房、登記，不是說誰想住就能住的。那麼這項制度到底是在何時開始形成的呢？答案就是宋朝。

　　為什麼說是宋朝？如果各位看過《水滸傳》的話，我想就會對這個答案有些印象了。在《水滸傳》中，「官司行下文書來，著落本村」，這是當時一種加強酒店管理的方法。官府要求凡是當時開設客棧的，都要準備一個簿子，如果有人進來投宿，一定要認真記錄這個人姓甚名誰，從

哪來到哪去，幹什麼去。

　　所有客人資料都要一一抄寫在本子上，因為管理這方面
的官員會定期過來查看，並且每月一次要去一個叫作「里
正處」的地方報名。在《水滸傳》十八回《美髯公智穩插
翅虎宋公明私放晁天王》中就描寫過在濟州北門外十五里，
一個叫安樂村的地方有一個客棧。何清就經常在這個客店
裡跟人家賭博，而在這期間，他還會代替店小二在本子上
登記來往客人的姓名、職業等等。

△《水滸傳》插圖

在六月初三那天，他發現有七個賣棗的小販來投宿，其中一個人他還認識，正是晁蓋，但是晁蓋在當時登記的時候登記的是姓李，而不是姓晁。也正是這個細節引起了何清的懷疑，進而讓晁蓋搶劫生辰綱的事情敗露，也正因此他們被逼上梁山。所以說，要是沒有這個實名登記制度，可能搶劫生辰綱會是一場完美犯罪。

　　而從其他史料中，我們也可以看出來，《水滸傳》中寫的關於住宿要進行實名登記的制度是十分可信的。要知道，宋朝實行保甲制度，在此前我們提到的「里正」就是當時在各鄉各村負責治保的人。而在宋朝之前，並未見過有關住宿實名制的相關記載，由此可以推斷出，這項制度應該就是興起於宋朝的。

　　不過您可能會說了，那時候又沒有身分證，就算是胡寫一個名別人也不知道到底是不是。說得雖然有道理，但不要忽視了「朝陽區群眾」的作用。那個時候雖然科技不發達，通訊也落後，但十里八村的大家誰不認識誰啊，有些事情想隱瞞其實也不是那麼容易的。

　　而且，那個時候需要登記的比現在多得多，是要手寫抄錄的，哪像現在，機器一掃就知道你是誰了。所以，大家還是老老實實地實名住宿吧，不要搞什麼歪門邪道。

十二、印刷術的革命

活字印刷

　　說到中國的古代文明，最拿得出手的恐怕就是四大發明了。從小學開始，紙、印刷術、指南針、火藥，每一個人都已經倒背如流。但大家是否知道，這四大發明中，有三個是在宋朝被推廣的呢？

　　歷史上有記載，印刷術應該是開始於隋朝的雕版印刷。而通常我們所說的四大發明中的印刷術，指的卻是活字印刷術。那麼到底什麼是活字印刷術呢？我們還要慢慢地說起。

　　要知道，從漢朝蔡倫改進了紙張後，人們在記述資料的時候就簡便了很多，再也不用為了寫點什麼去削一大堆的竹子做竹簡，也不用再去扯昂貴的絲綢了，不僅節省了人力、物力，更節省了財力。

　　但是，還有一個問題仍然沒有解決，那就是抄寫的問題。因為那個時候的資料全是靠自己一筆一畫地往紙上抄錄，大家想一下小時候被罰寫的痛苦，是不是就能夠理解古人的苦了呢？那不光是累，還浪費人的大好青春，時間都用在抄寫上了，真是折磨人啊。

　　但人總是要受折磨，才會有進步。於是，為了能夠發展生產力，東漢時期就出現了摹印和拓印石碑的方法，到了

隋朝，人們從之前刻印章、做石碑上面受到了啟發，發明出了一種印刷術，就是雕版印刷術。

一個國家的文字承載了一個國家的文明，而紙張更是傳承文明的重要載體，那麼，印刷術則是讓文明能夠以最快速度躍然紙上的工具。

隨著雕版印刷術的發明，印刷術所用的材料和工藝方面都得到了改進和完善，到了宋朝，更是將雕版印刷術發揚光大。一塊雕版能夠印刷的書籍也達到上百部，甚至上千部，雕版印刷術可以說在當時已經是盛極一時的印刷手段了。

但隨著人們需求的提高，雕版印刷術的缺點也漸漸顯現出來。大家發現印刷的時間雖然縮短了，但並沒有能夠滿足大家的切實需要。而且，那些雕版由於體形大，使得存放有著一定的困難，另外對一些出版量比較小，不需要再版的書籍來說，雕版就沒有什麼用了，但之前製作雕版所花費的時間、金錢卻讓人又捨不得就這樣拋棄它們。所以，這一系列的缺點使得當時的人們希望能有新的技術出現。這個時候，畢昇與他的活字印刷術就應運而生了。

筆者翻閱大量的史料，可以得出這麼一個結論，就是宋朝的平民百姓畢昇，是世界上首創活字版印刷術的人。在沈括的《夢溪筆談》中記載，宋仁宗年間，平民畢昇創造了活字印刷術。活字印刷術在當時出現，為印刷節省了很多時間和金錢，可以說是一種經濟又實用的印刷方法，更可以說是對全世界的文化傳播都有益的一種創舉。

更何況，畢昇的發明，要比德國古登堡的發明早了四百多年。這說明，我們的科技文化，在當時真的是遠遠地領先於世界。

△古代雕版印刷時的雕版。

　　畢昇發明的活字印刷術的基本原理和現代鉛字排版印刷方法完全相同，這種活字印刷術可分為四步：首先用膠泥製作活字，再放在火中燒硬；然後是排版，把活字排在塗有松脂蠟的鐵板上，加熱鐵板，使蠟稍微熔化，用平板壓平字面，冷卻之後，泥字便固定在鐵板上了；接著是上墨印刷；最後是拆版，印刷之後鐵板再加熱，將蠟熔化之後就可以取下活字，以備日後使用。一些常用字往往會多製作一些，確保不缺字，而生僻字，則可以現用現做。同時，為便於揀字，把膠泥活字按韻分類放在木格子裡，貼上紙條標明。

△古代膠泥製作的活字印刷字塊。

　　看到了沒，那個時候，畢昇同學發明的活字版印刷術就已經基本具有現代的行業水準了，真的是一項很偉大的發明。另外，在其他文獻裡我們還發現，早在發明這種膠泥活字印刷之前，畢昇還嘗試過木活字印刷。但是用木材做原料，由於其表面紋理深淺不一，疏密不同，因此在上面刻字十分困難，沾水後容易和藥劑混合在一起，不容易分開，因此，畢昇不得不放棄用木材做活字版印刷術的原材料。

　　當然，如果說一本書只出版兩、三本，那用畢昇發明的活字版印刷術簡直就是大材小用，浪費資源。但如果像我們現代這樣大批量地出版書籍，活字版印刷術簡直就是神器了。

但是，畢昇的發明並沒有得到當時統治者的重視。很多有才的人往往都是在活著的時候無法發揮其才能，這不只是他本人的悲哀，也應該說是時代的悲哀。畢昇創造的膠泥活字並沒有保留下來，但是他發明的活字版印刷術，卻能夠流傳千古，不知道這對他來說算不算是一種寬慰。

在畢昇發明活字版印刷術不久，用活字版印刷術製成的印刷品就出現了。南宋周必大在《周益國文忠公集》卷一百九十八《程元成給事》中記載：「近用沈存中法，以膠泥銅版移換摹印，今日偶成《玉堂雜記》二十八事，首恩台覽。」從這一描述中，我們也能發現，在南宋淳熙、紹熙年間（西元1174年—西元1194年），活字版印刷術確實在印刷領域裡得到了廣泛的推廣和運用。

看到這裡，您可能要說，我剛才看活字版印刷術的介紹，發現這玩意兒根本不是什麼難事啊，換成是我，我也能弄好。我們以現在的眼光來看舊時的發明，肯定會覺得簡單，但實際上在當時，發明活字版印刷術絕對不是一件容易的事情。且不說在雕版印刷的基礎上，想到活字印刷需要多大的創造力，僅就在實際操作中遇到的技術，如造字、排版等問題而言，就已經是一項巨大的工程了。

活字版印刷術的影響長達千年之久。大約在是十三世紀，活字版印刷術傳入朝鮮，十六世紀又經朝鮮傳入日本。同時，活字版印刷術經新疆傳入波斯，後來又經過蒙古國傳入歐洲。

受中國印刷術的直接或間接影響，德國人於1450年前後發明了鉛、錫等合金製成的金屬活字和其他印刷設備，推動了歐洲印刷業的迅速發展。大量地印刷書籍，在傳播

希臘古典文化、文藝復興和宗教改革運動中發揮了不可估量的作用。

　　所以，今天我們能夠看上有著油墨香的書籍，而不用自己動手抄書，不用去辨認手抄本的字體，都要感謝老祖宗的智慧啊。

十三、趙匡胤的發明

　　如果你問：「印象中最能打的華人武打演員是誰？」很多人會告訴你是李小龍。

　　李小龍的招牌動作就是光著上身，拿著雙節棍，擺出一副霸氣的姿勢了。但大家恐怕都不知道，雙節棍的出現，是和一位大名鼎鼎的皇帝有著很大的關係吧。我們要講的這位皇帝，就是宋朝的開國皇帝趙匡胤。

　　趙匡胤出身的家庭也不算什麼官宦人家，他只能自己出外闖蕩。但因為個人能力很強，武藝高超，趙匡胤深得柴榮的賞識，因此成長為後周的一員得力幹將。

　　傳說趙匡胤鎮守後周重鎮西林川時，有一次鄰國的御前大將軍劉定國帶兵攻打西林川。兩軍來至陣前交兵，這劉定國拿的是「金背砍山刀」，趙匡胤使的是一根齊眉棍，兩人刀來棍往，糾纏了數十個回合也難分勝負。

　　無論是論年齡，還是論身手，趙匡胤都要略勝一籌。畢竟年輕力壯，武藝精湛，趙匡胤趁劉定國一刀劈空之際，催馬轉至劉定國右側，掄起手中的大棍向劉定國打去。這一棍勢如泰山壓頂，劉定國躲閃不及，趕忙用雙手托起刀把向上一架，只聽「哢嚓」一聲，齊眉棍的前端被砍裂了，

趙匡胤只得迅速將棍收回。劉定國見趙匡胤手中的長棍斷裂，乘勢揮刀便砍。趙匡胤向後一閃，躲了過去，緊接著一扯韁繩，策馬跑回了城中。

回到城中，趙匡胤看著自己這根斷裂的齊眉棍，不由歎了口氣。原來，這根齊眉棍是趙匡胤學武時，行衍和尚贈送給他的，是用上等花梨木製成的，質地堅硬，棍體沉重。南征北戰數年間，趙匡胤曾用它戰勝過許多驍勇悍將，沒想到今日一戰卻將棍打折，自是十分心痛。

用過午飯，趙匡胤上街巡視，忽聽前方傳來陣陣喧囂聲，擠進圍觀的人群裡一看，原來是三個守城的士卒與一個壯漢打了起來。

只見那個壯漢手中拿著連枷（農民拍打農作物，使籽粒掉下來的一種工具，是在一根長約二米的木棍前端，用鐵環連接一條長約五十公分左右的長方形木板。使用時，雙手揮動木棍帶動木板產生「離心力」來拍打農作物）正向一個手持長槍的士卒頭上掄去。士卒來不及躲閃，急忙用雙手托起槍桿向上一迎，架住了連枷的主體棍。但鐵環連接的木板卻由於慣性作用，繼續打了下去。只聽「啪」的一聲，木板正打在士卒的後腦勺上。

這個士卒晃了幾步，便昏倒在地。趙匡胤大聲喝道：「住手！」壯漢聽見有人喊，回頭一看，發現人群中一位氣度不凡、軍官模樣的人正健步走來，於是下意識地放下了手中的連枷。

趙匡胤上前詢問經過，原來是守城士卒強搶百姓修建房屋的樑子，故此發生了爭執。趙匡胤趕緊抱拳躬身，與百姓賠禮，並嚴厲處罰了那三個士卒。

趙匡胤回府後，受到剛才那個壯漢與士卒打鬥時所使用的連枷的啟發，找來鐵匠，將斷成一長一短兩段的木棍按連枷的樣式用鐵環和鐵箍連在了一起。趙匡胤興奮地拿起沉甸甸的棍子耍了幾下，棍梢甩動起來呼呼生風，令人眼花繚亂。

鐵匠看完趙匡胤耍完這套棍術後，好奇地問道：「趙將軍，您看這似棍非棍、似鞭非鞭的兵器應該起個什麼名字好？」趙匡胤看著手中這條棍，自言自語道：「此棍似斷非斷，似折非折，有頭有尾，首尾一體，就叫它『盤龍棍』吧！」

翌日晌午，趙匡胤出城再戰劉定國。

二人這番打鬥與之前不同，從一開始就呈現出了一邊倒的情形。趙匡胤雙手舉棍砸向劉定國的腦袋，劉定國忙用雙手托刀向上一迎。結果，截住了棍身，棍梢卻順勢彎折了下去，正打在劉定國的後腦勺上，震得劉定國頭昏眼花，險些從馬上摔落。

趙匡胤緊接著又將盤龍棍掃向劉定國腰側，劉定國下意識地將刀把一豎，結果又被棍梢擊中了後腰。劉定國見勢不好，一扯韁繩調頭便跑。

趙匡胤忙以棍梢掃向劉定國胯下那匹戰馬的前腿。戰馬被擊中後，嘶鳴一聲便撲倒在地，劉定國也被趕上來的趙匡胤揮棍打死了。

從此，盤龍棍便在武林中流傳開來。

後來，習武之人根據盤龍棍的原理，又發展改造出了適於巷戰近身短打的「三節棍」與「雙節棍」。後來，盤龍棍又傳到了日本和菲律賓，現代的雙節棍樣式便源自日本。

好了，故事講完了，怎麼樣，夠精采吧？有沒有一種看武俠小說的感覺？當然，故事歸故事，我們所講的這個故事是要告訴大家，趙匡胤是怎麼發明這個「盤龍棍」的。

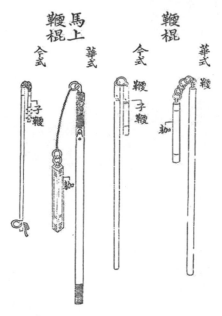

△「盤龍棍」只是民間對趙匡胤這位武將出身的皇帝的一種愛屋及烏的表現，實際上在兵書中通常將這種兵器稱作梢子棍或鞭棍。圖為宋代兵書《武經總要》中關於鞭棍的圖樣。

永續圖書
線上購物網

www.foreverbooks.com.tw

◆ 加入會員即享活動及會員折扣。

◆ 每月均有優惠活動，期期不同。

◆ 新加入會員三天內訂購書籍不限本數金額，
　即贈送精選書籍一本。（依網站標示為主）

專業圖書發行、書局經銷、圖書出版

永續圖書總代理：

五觀藝術出版社、培育文化、棋茵出版社、大拓文化、讀
品文化、雅典文化、知音人文化、手藝家出版社、璞申文
化、智學堂文化、語言鳥文化

活動期內，永續圖書將保留變更或終止該活動之權利及最終決定權。

▶ 時尚宋人　　　　　　　　　　　　　（讀品讀者回函卡）

■ 謝謝您購買這本書，請詳細填寫本卡各欄後寄回，我們每月將抽選一百名回函讀者寄出精美禮物，並享有生日當月購書優惠！
　想知道更多更即時的消息，請搜尋"永續圖書粉絲團"

■ 您也可以使用傳真或是掃描圖檔寄回公司信箱，謝謝。
　傳真電話：（02）8647-3660　　信箱：yungjiuh@ms45.hinet.net

◆ 姓名：＿＿＿＿＿＿＿＿＿　　□男 □女　　□單身 □已婚

◆ 生日：＿＿＿＿＿＿＿＿＿　　□非會員　　□已是會員

◆ E-mail：＿＿＿＿＿＿＿＿＿　電話：（　）＿＿＿＿＿

◆ 地址：＿＿＿＿＿＿＿＿＿＿＿＿＿＿＿＿＿＿＿＿＿＿＿

◆ 學歷：□高中以下　□專科或大學　□研究所以上 □其他＿＿＿＿

◆ 職業：□學生　□資訊 □製造　□行銷　□服務 □金融

　　　　□傳播　□公教 □軍警　□自由　□家管 □其他＿＿＿＿

◆ 閱讀嗜好：□兩性　□心理　□勵志　□傳記　□文學　□健康

　　　　　　□財經　□企管　□行銷　□休閒　□小說　□其他

◆ 您平均一年購書：□ 5本以下 □ 6～10本　□ 11～20本

　　　　　　　　　　□21～30本以下　□ 30本以上

◆ 購買此書的金額：＿＿＿＿＿＿＿

◆ 購自：□連鎖書店　□一般書局　□量販店　□超商　□書展

　　　　□郵購　　　□網路訂購　□其他

◆ 您購買此書的原因：□書名 □作者 □內容 □封面

　　　　　　　　　　□版面設計 □其他

◆ 建議改進：□內容　□封面　□版面設計　□其他＿＿＿＿＿

　您的建議：

2 2 1 - 0 3

新北市汐止區大同路三段 194 號 9 樓之 1

讀品文化事業有限公司　收

電話/(02)8647-3663　　傳真/(02)8647-3660

劃撥帳號/18669219　　永續圖書有限公司

請沿此虛線對折免貼郵票或以傳真、掃描方式寄回本公司，謝謝！

讀好書品嚐人生的美味

時尚宋人